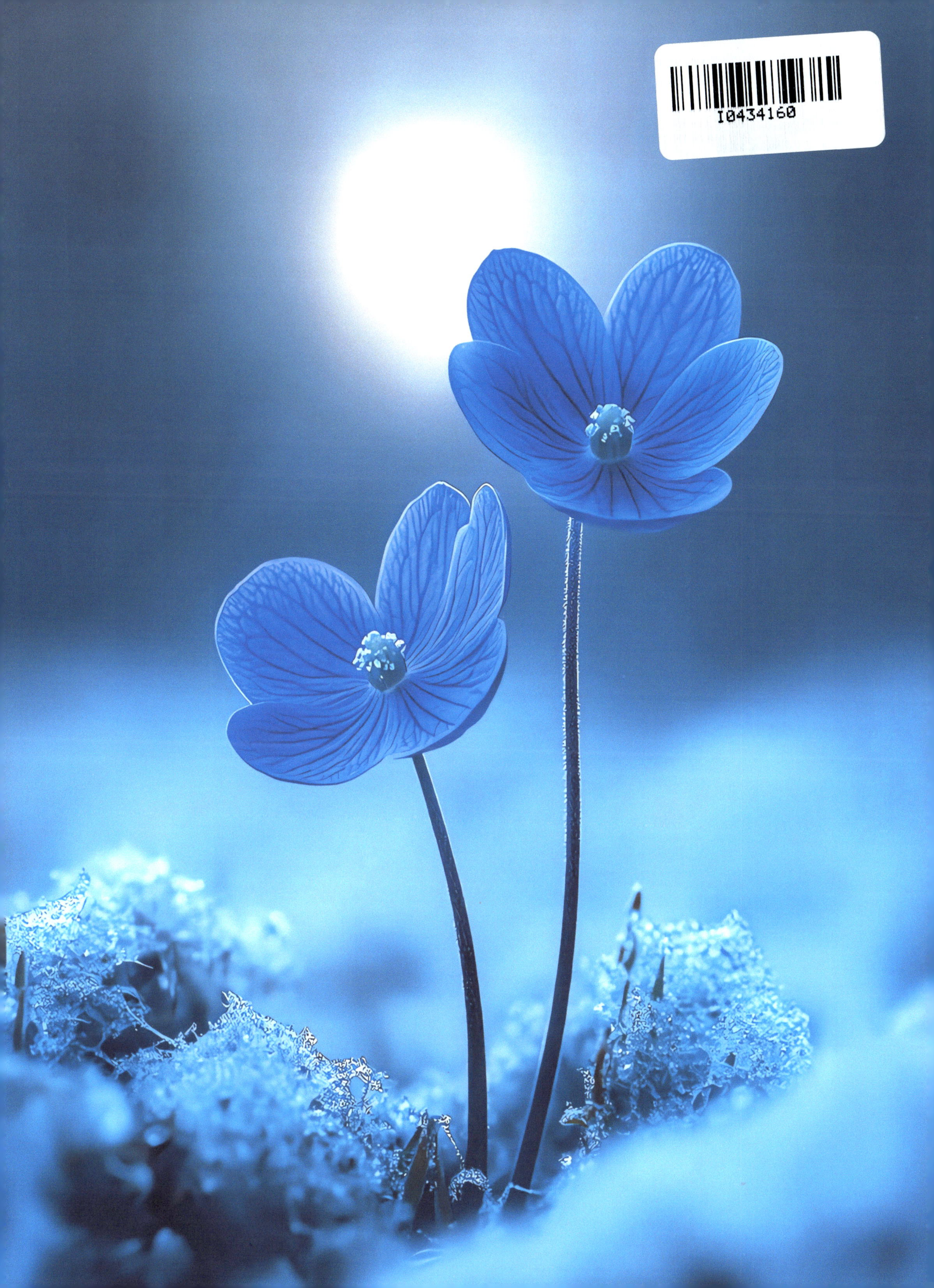

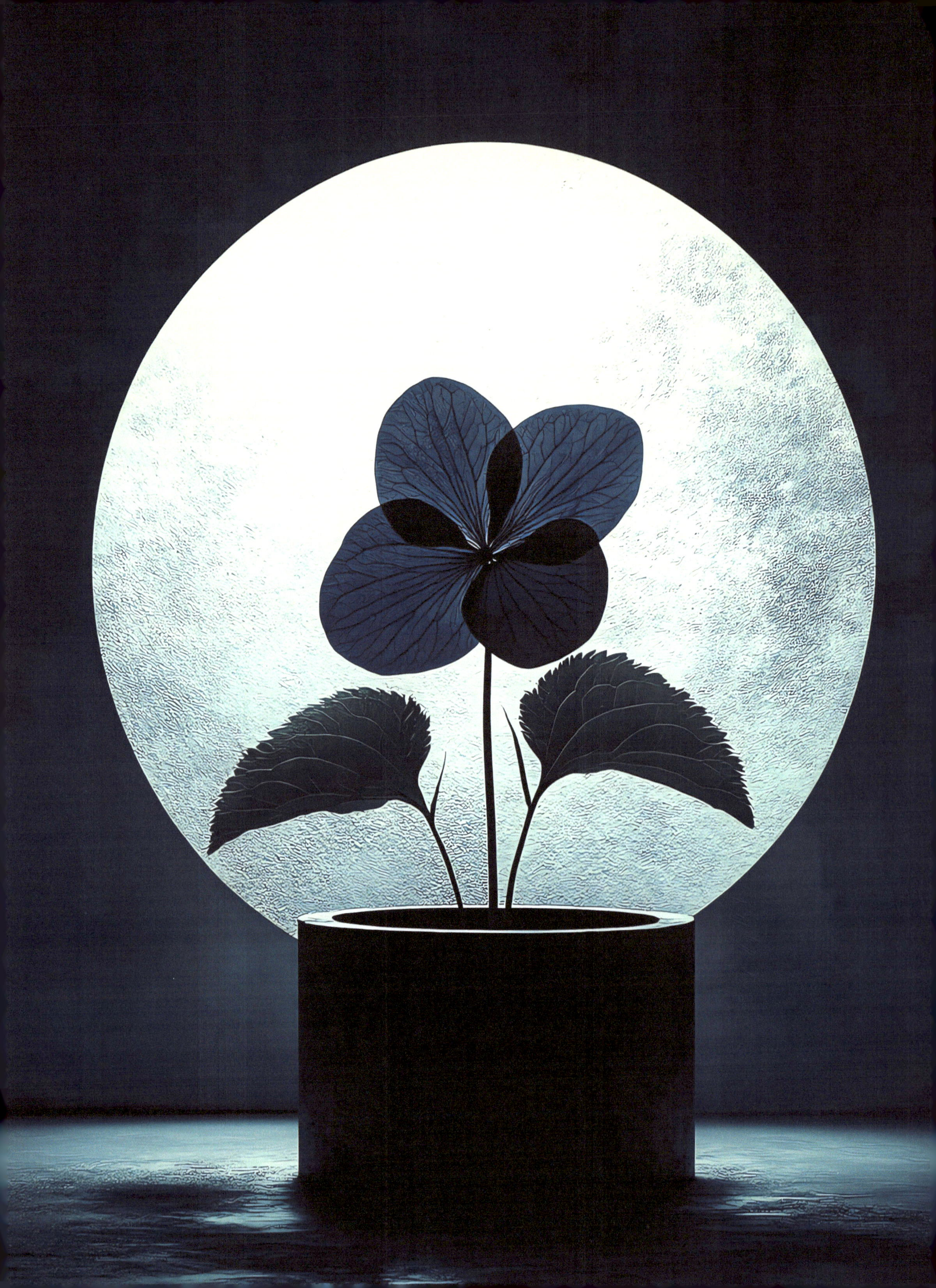

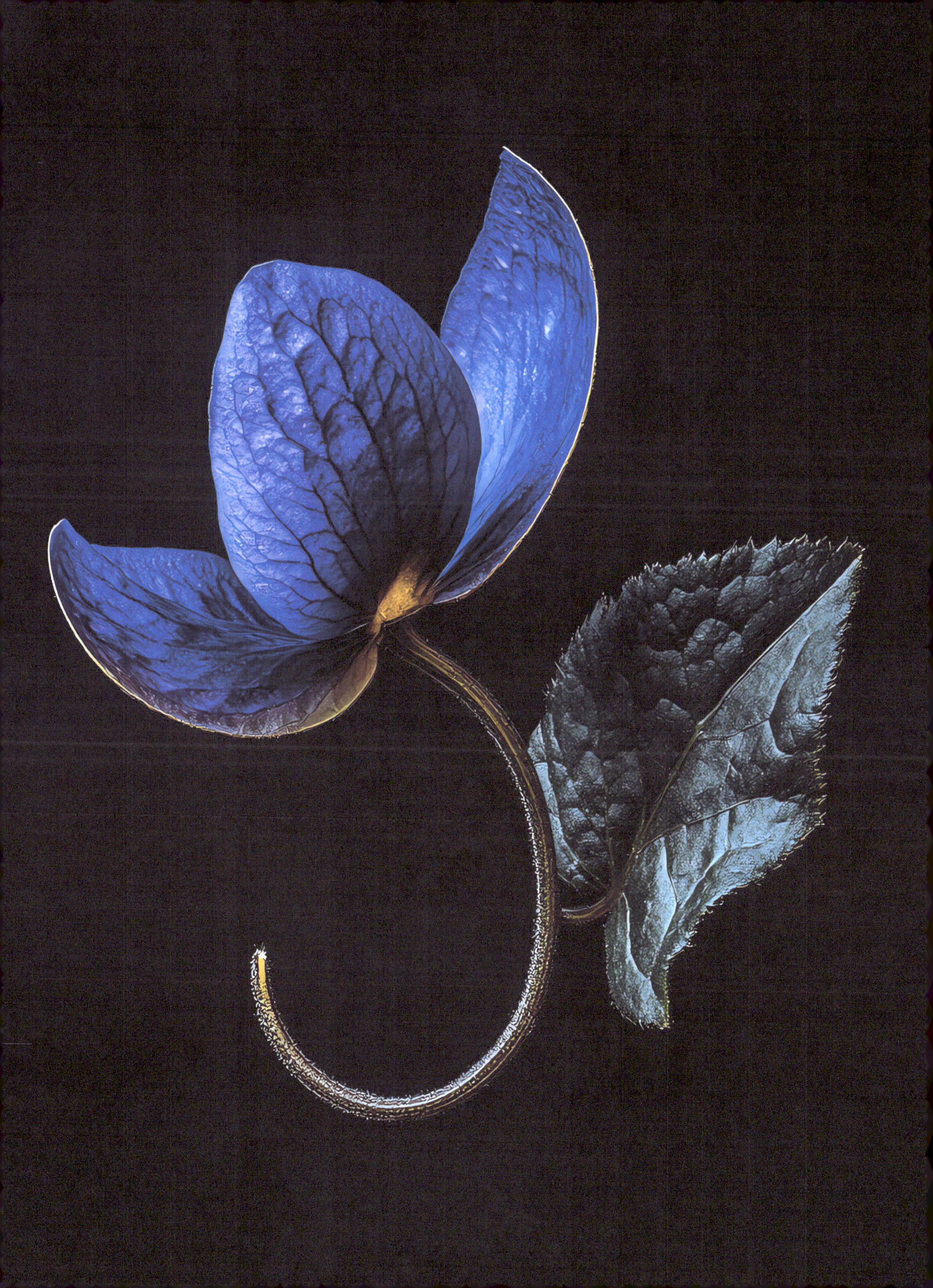

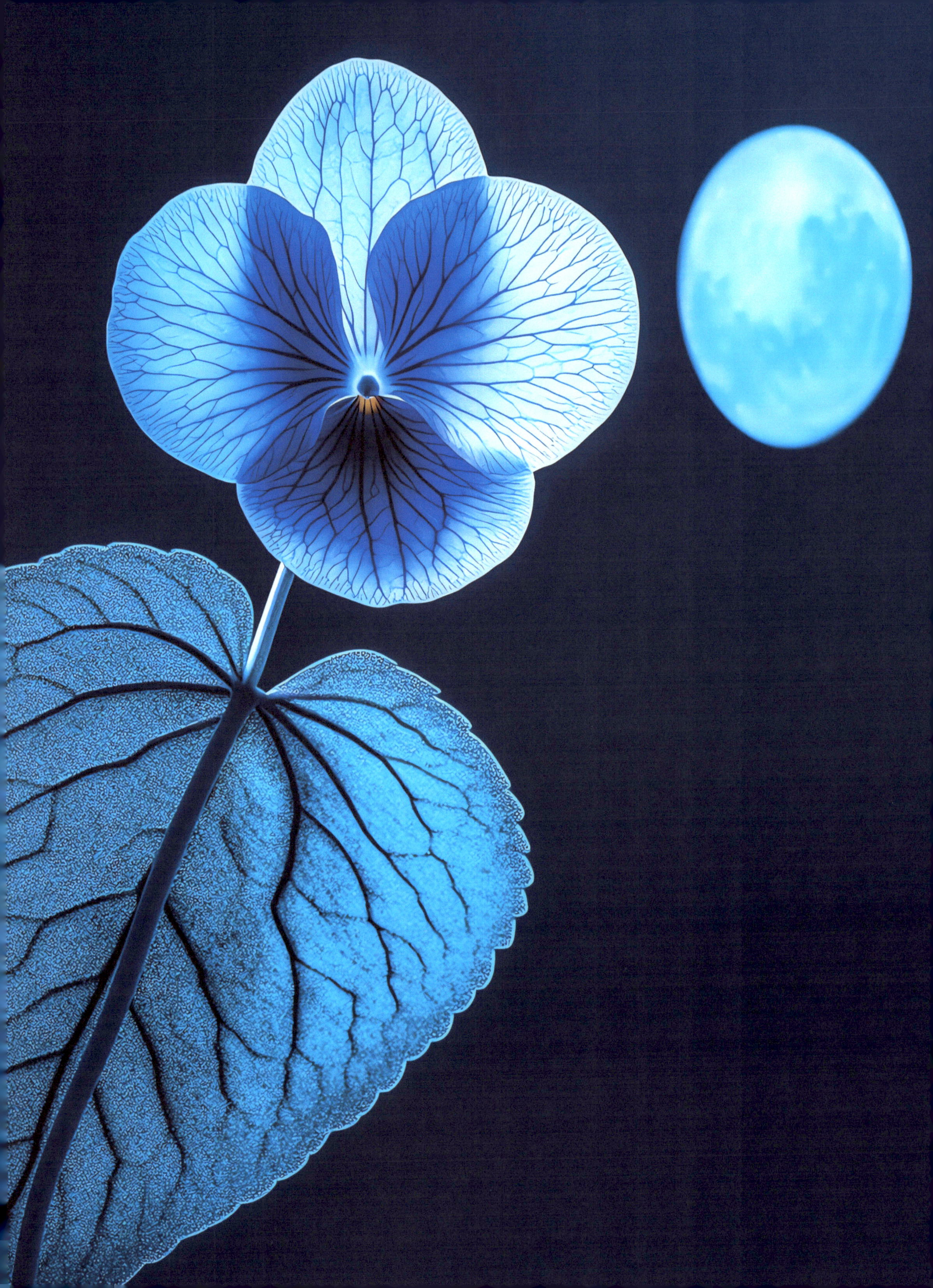

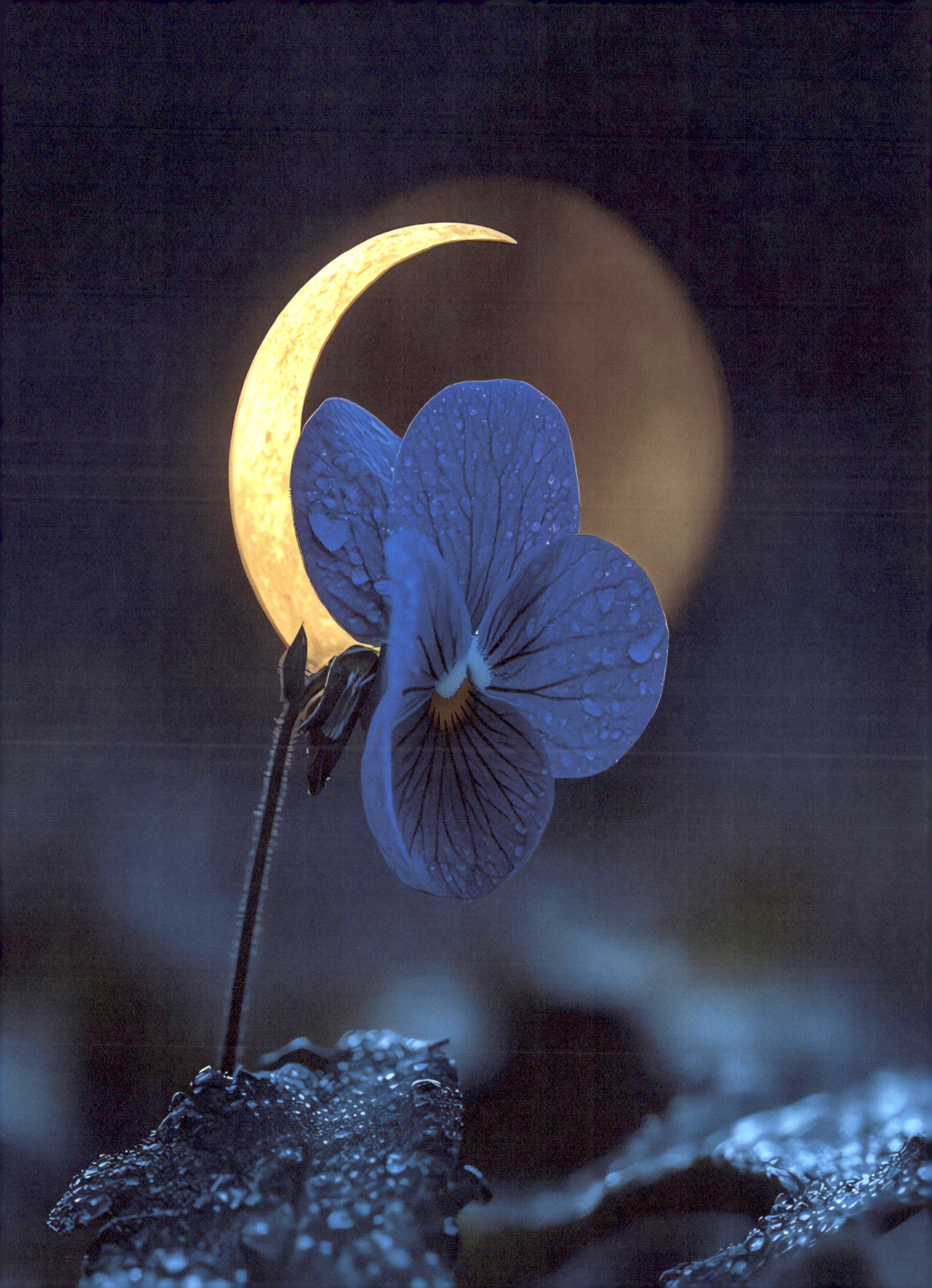

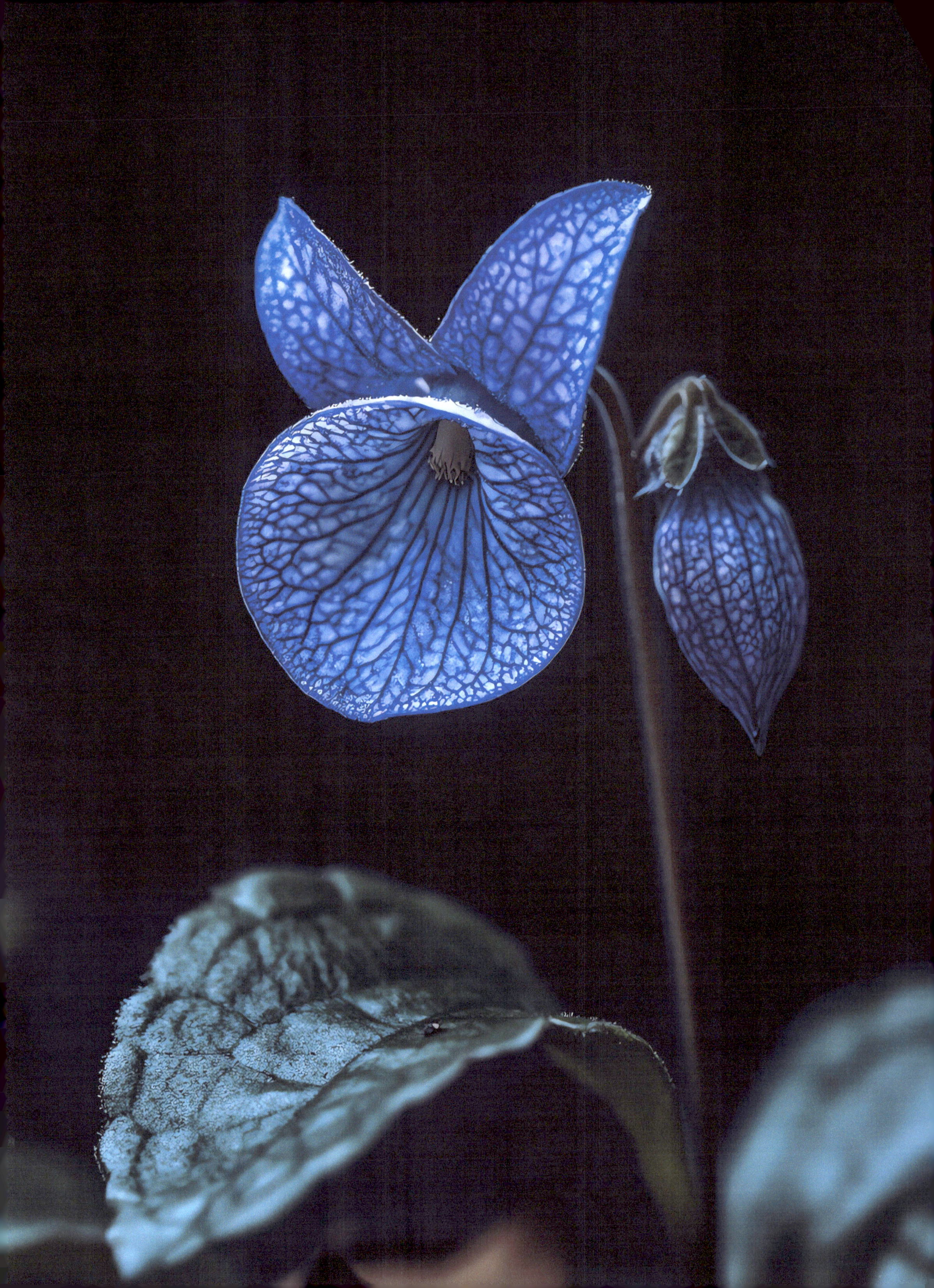

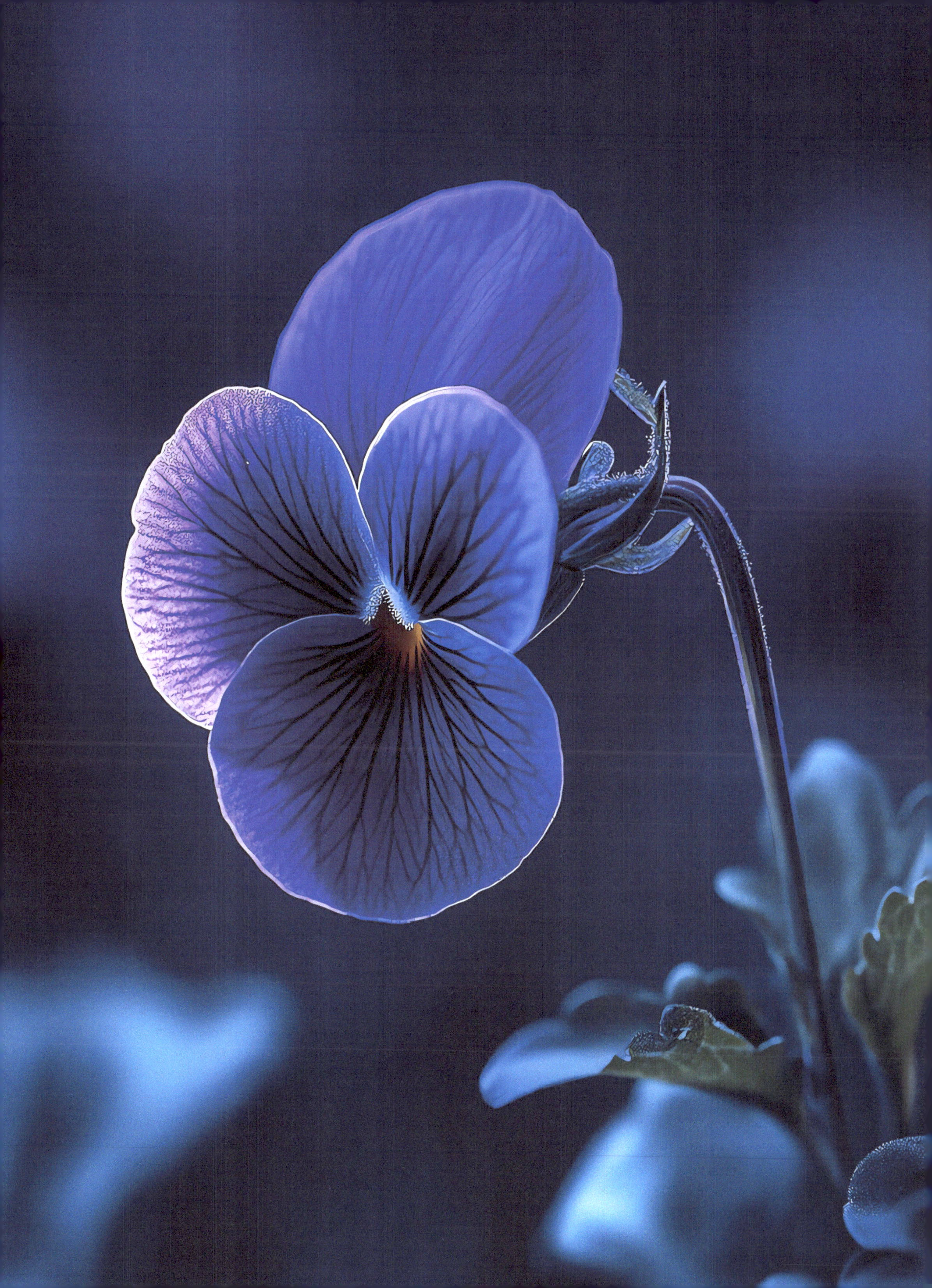

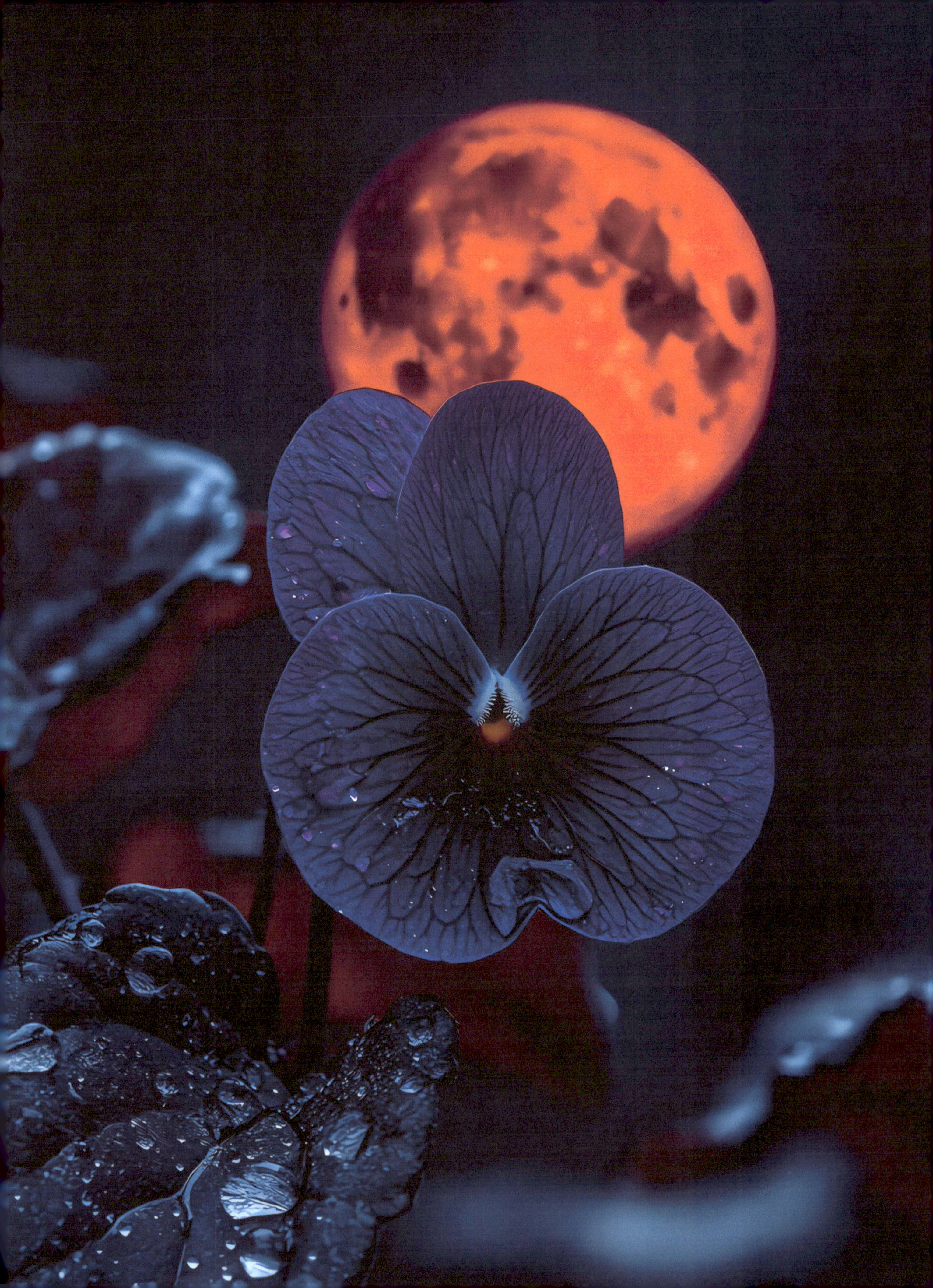

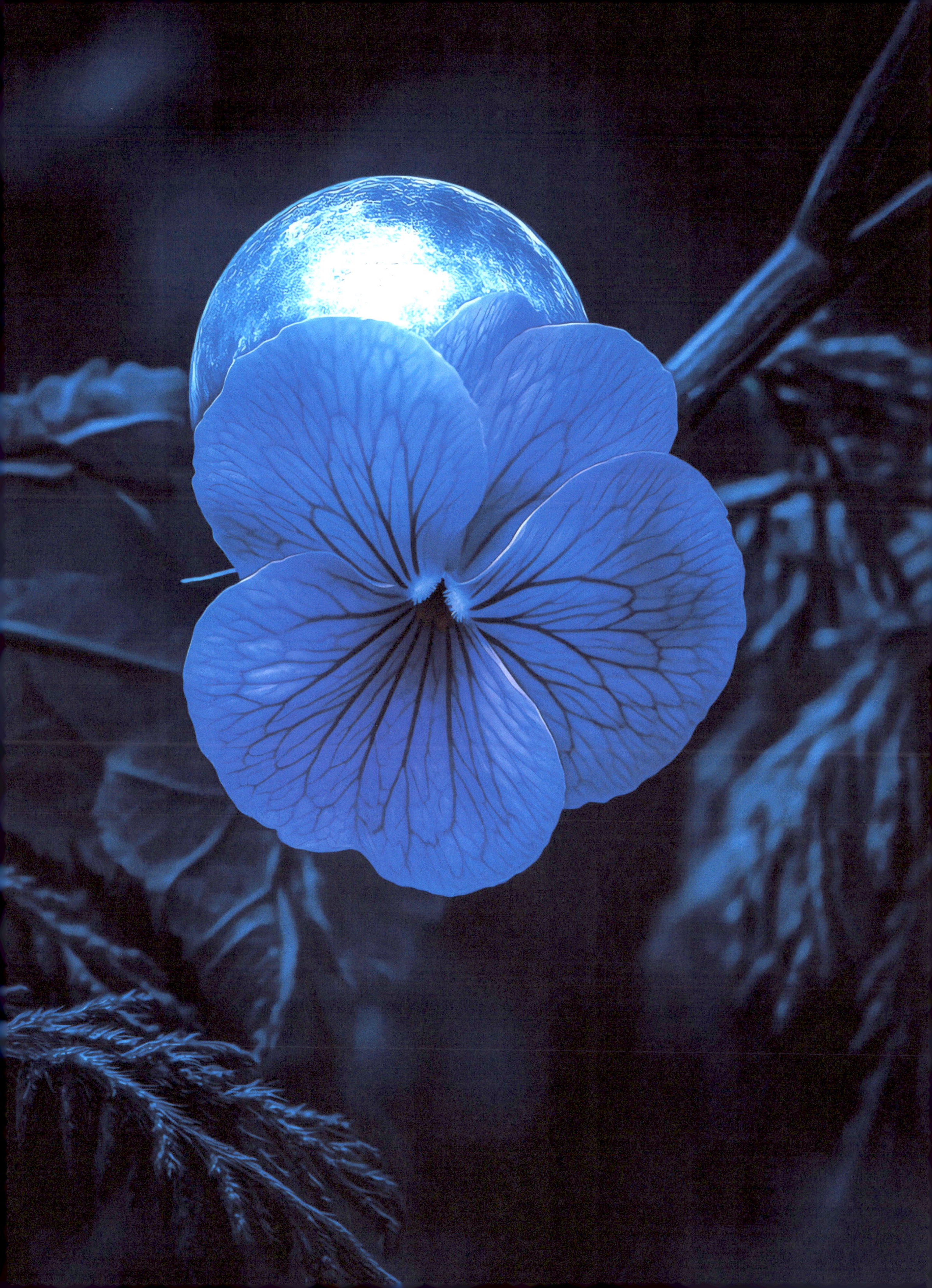

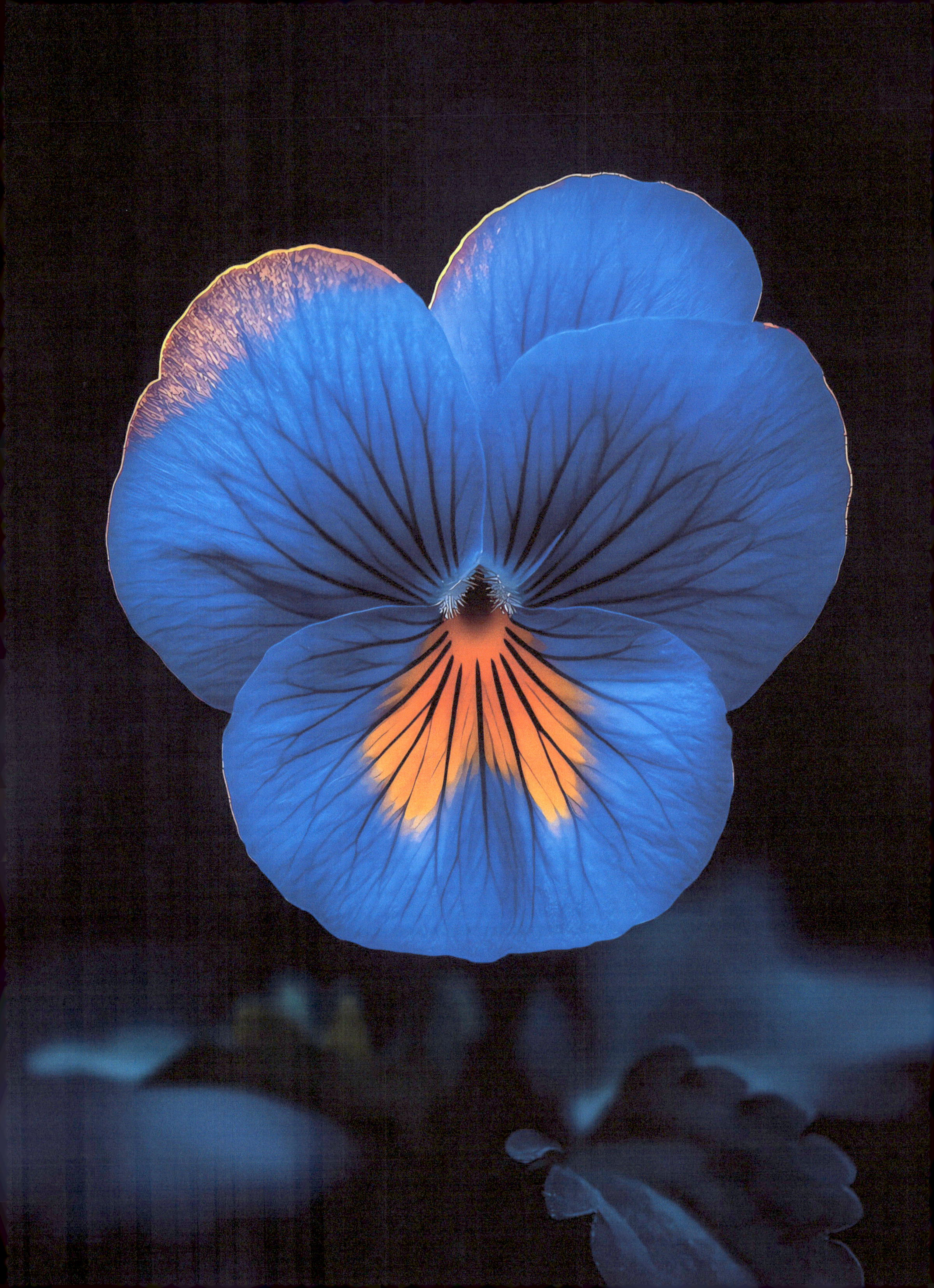

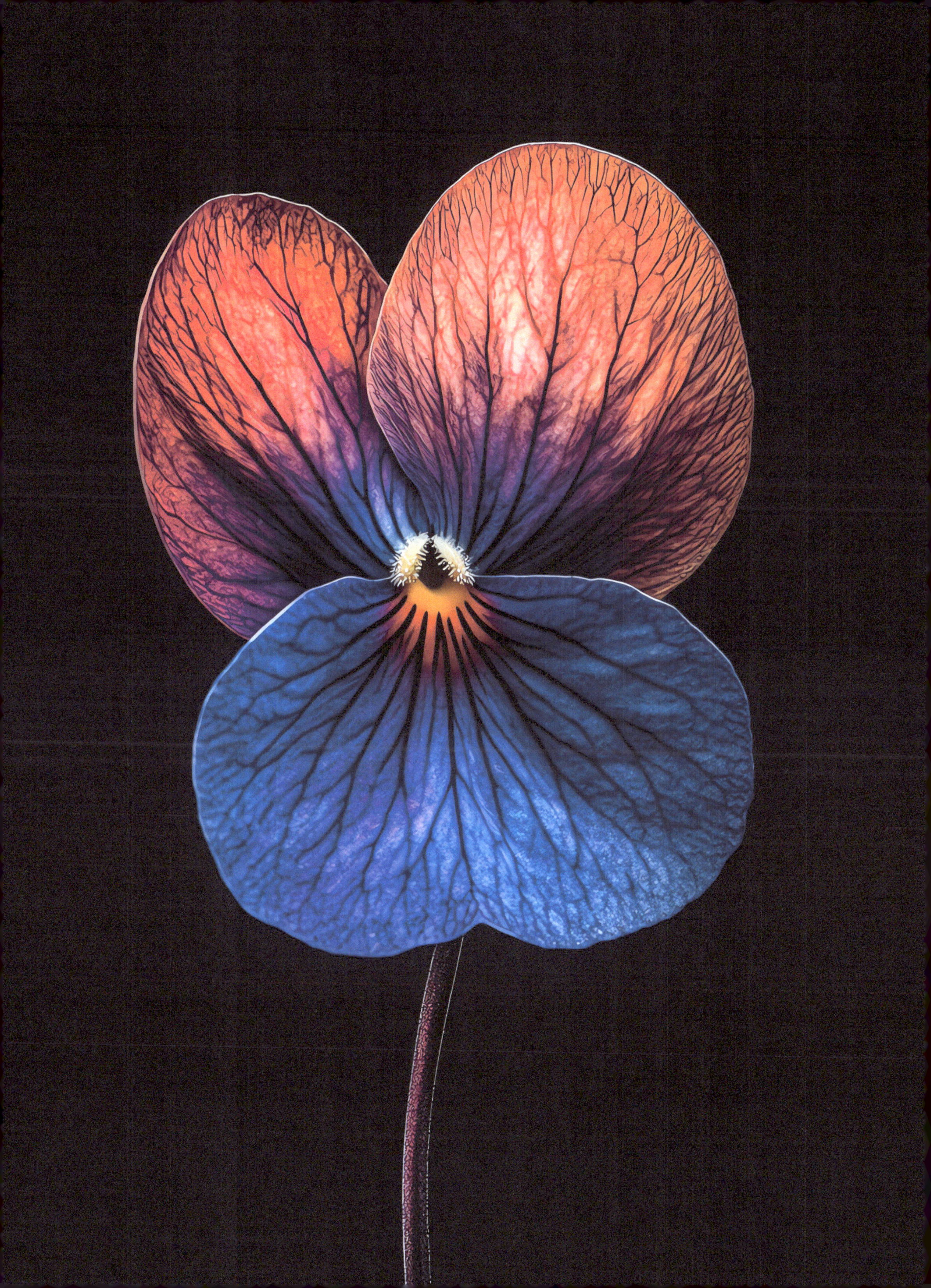

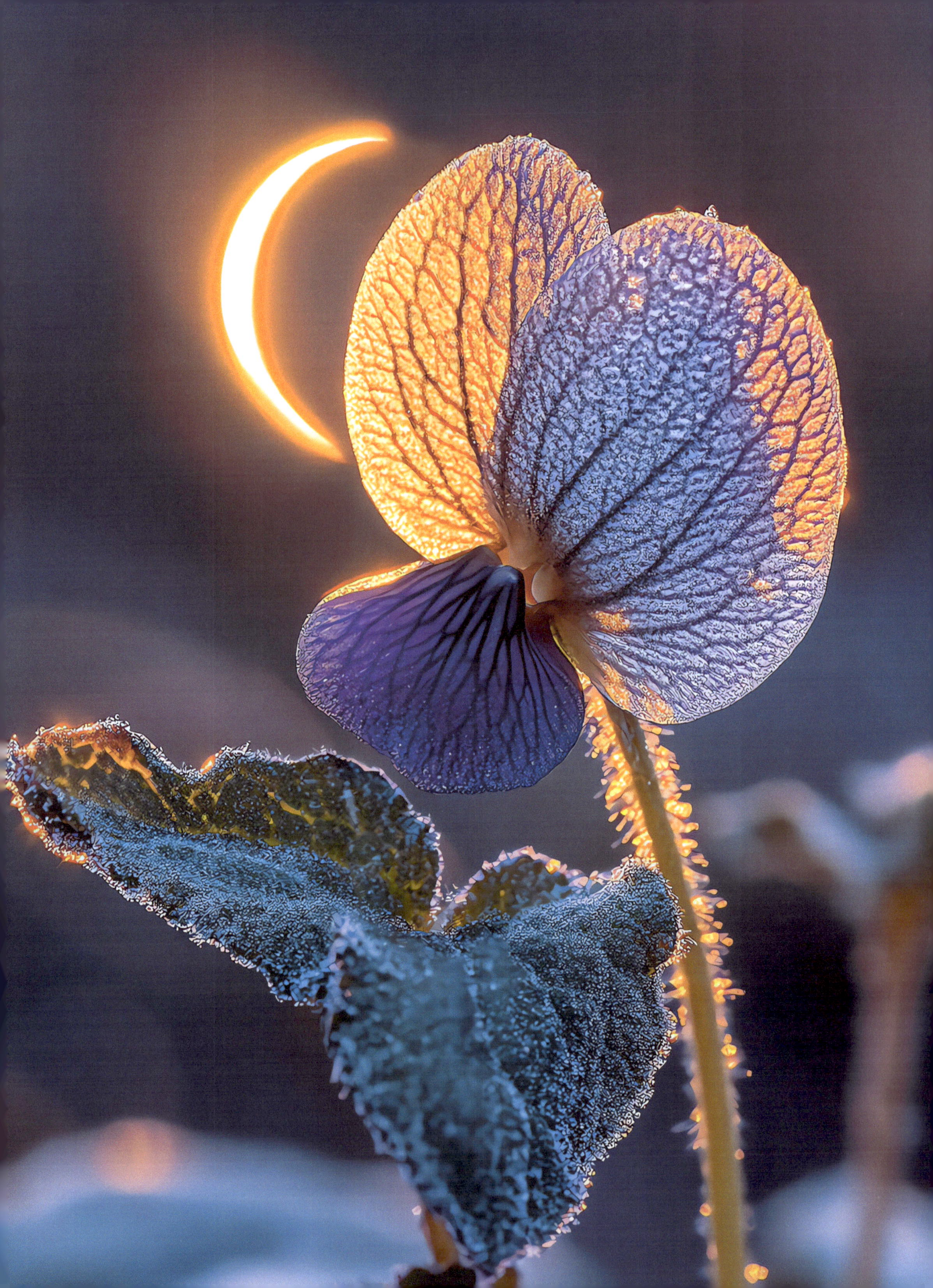

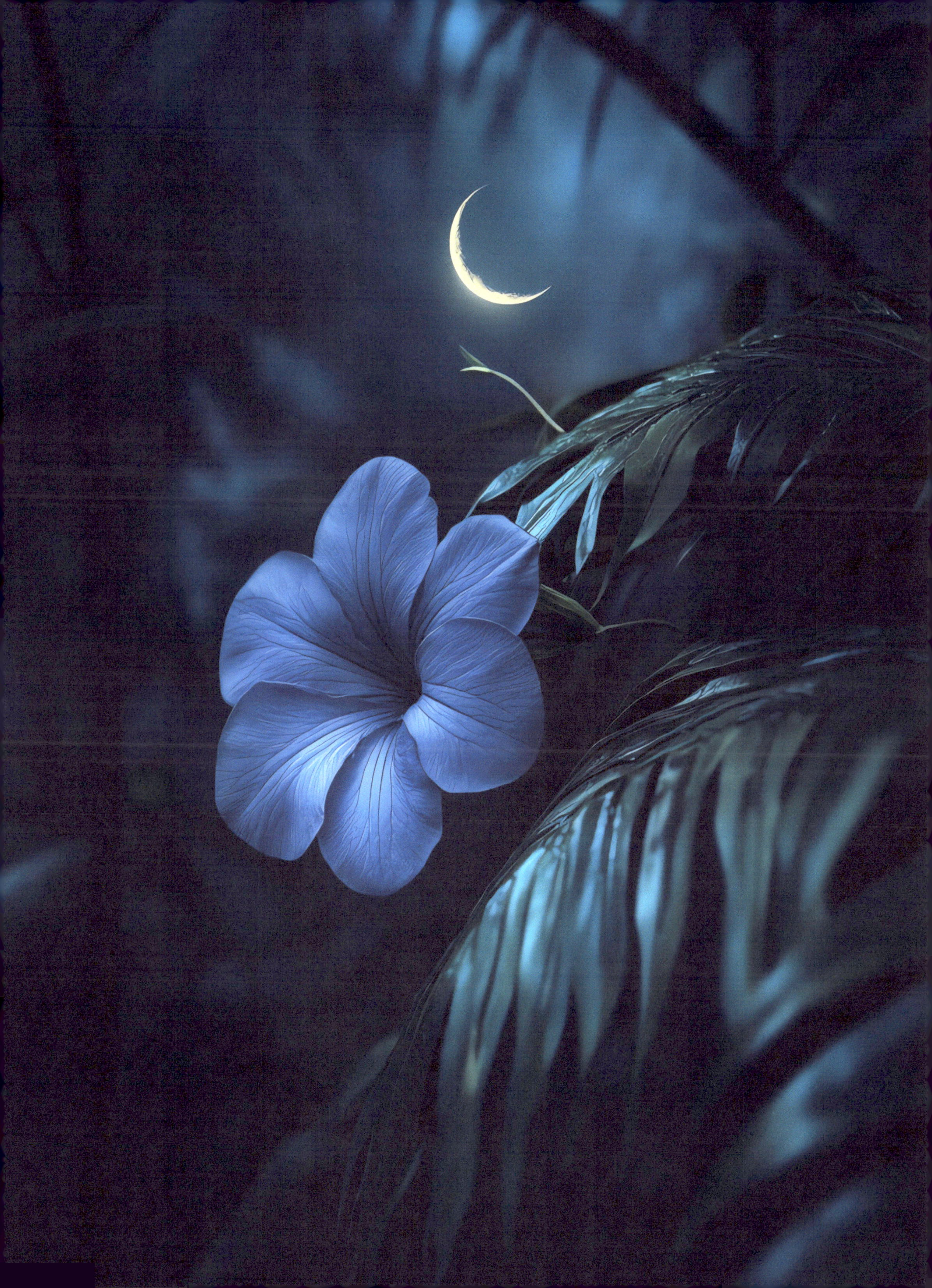

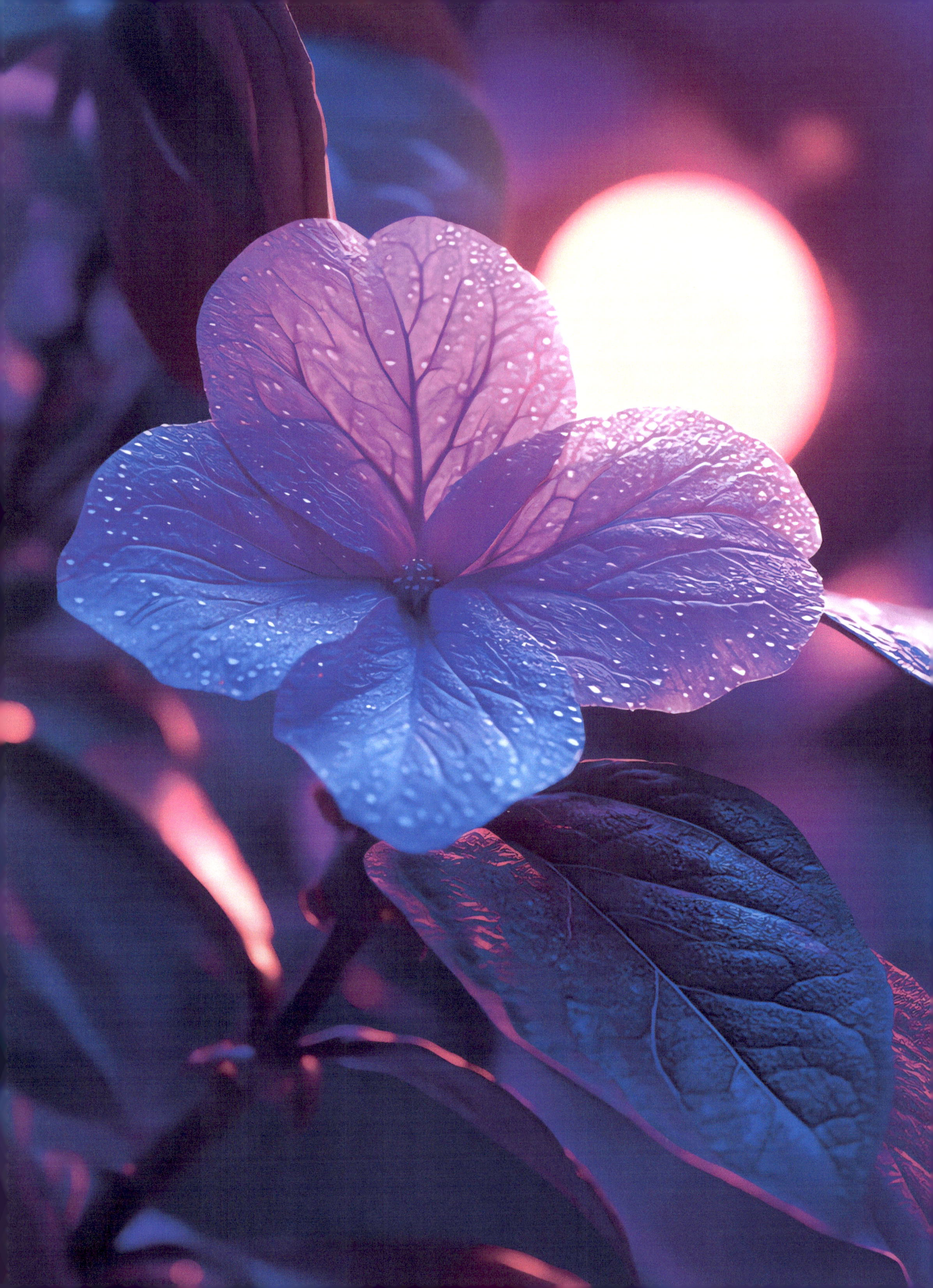

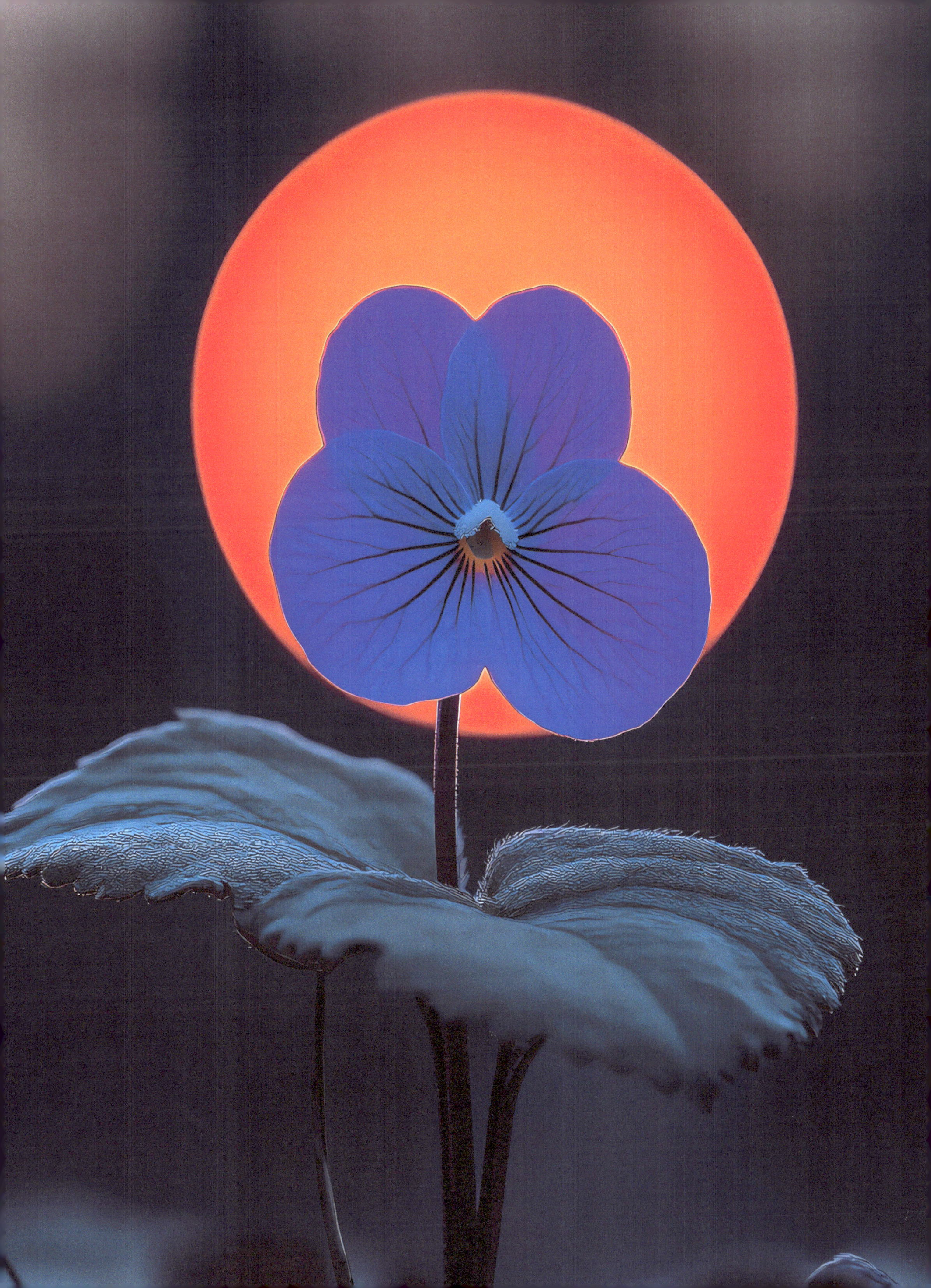

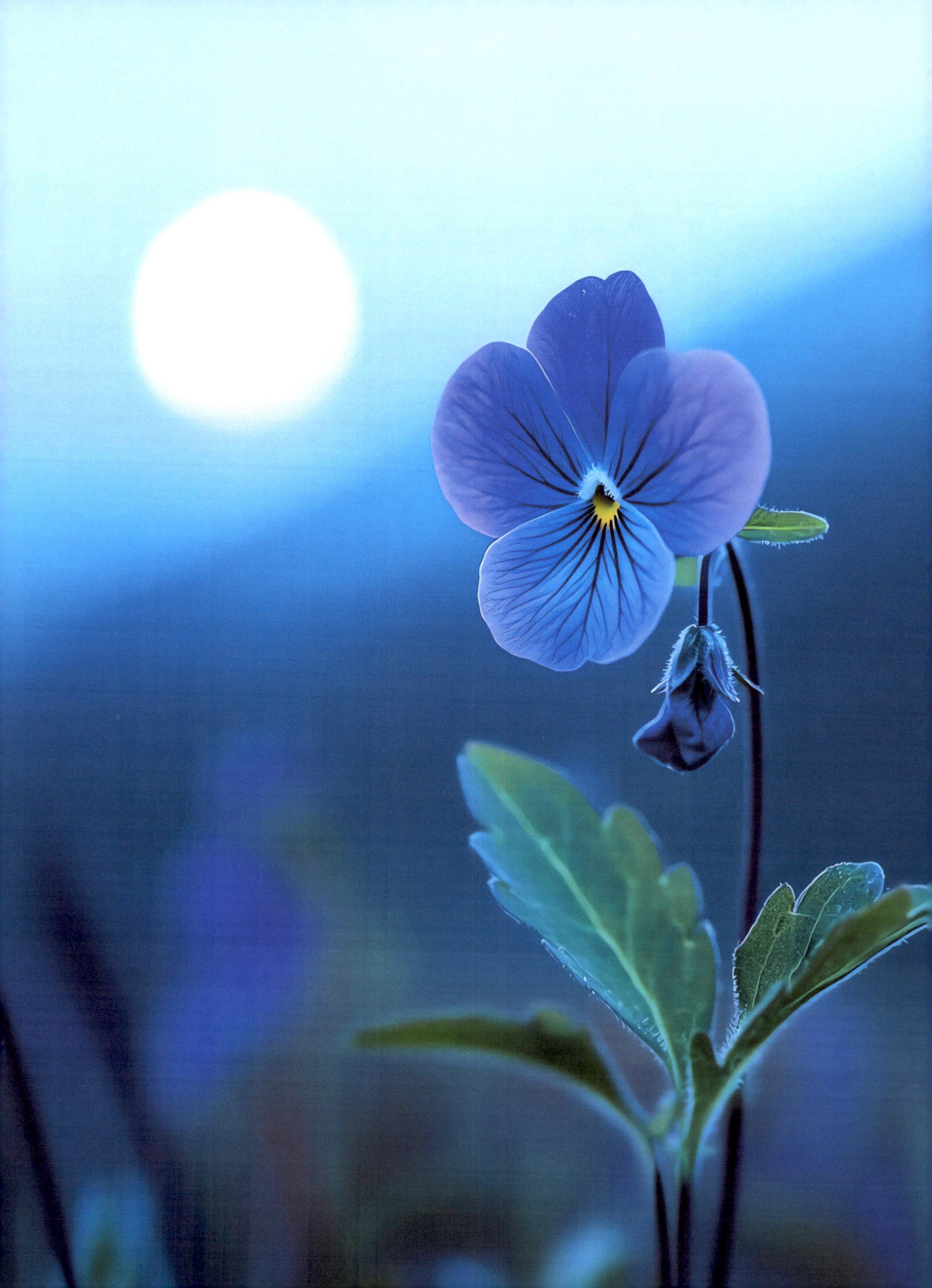

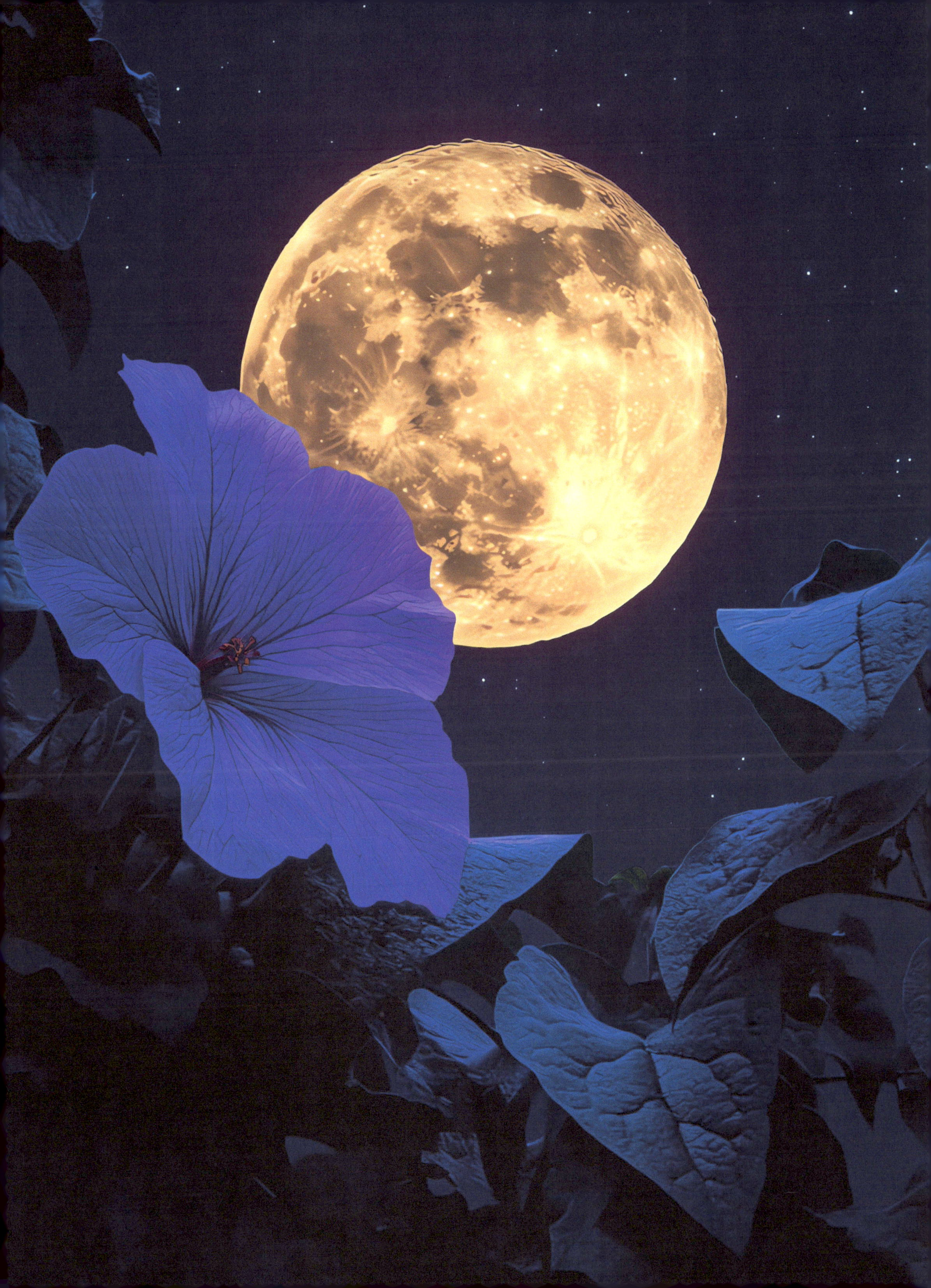

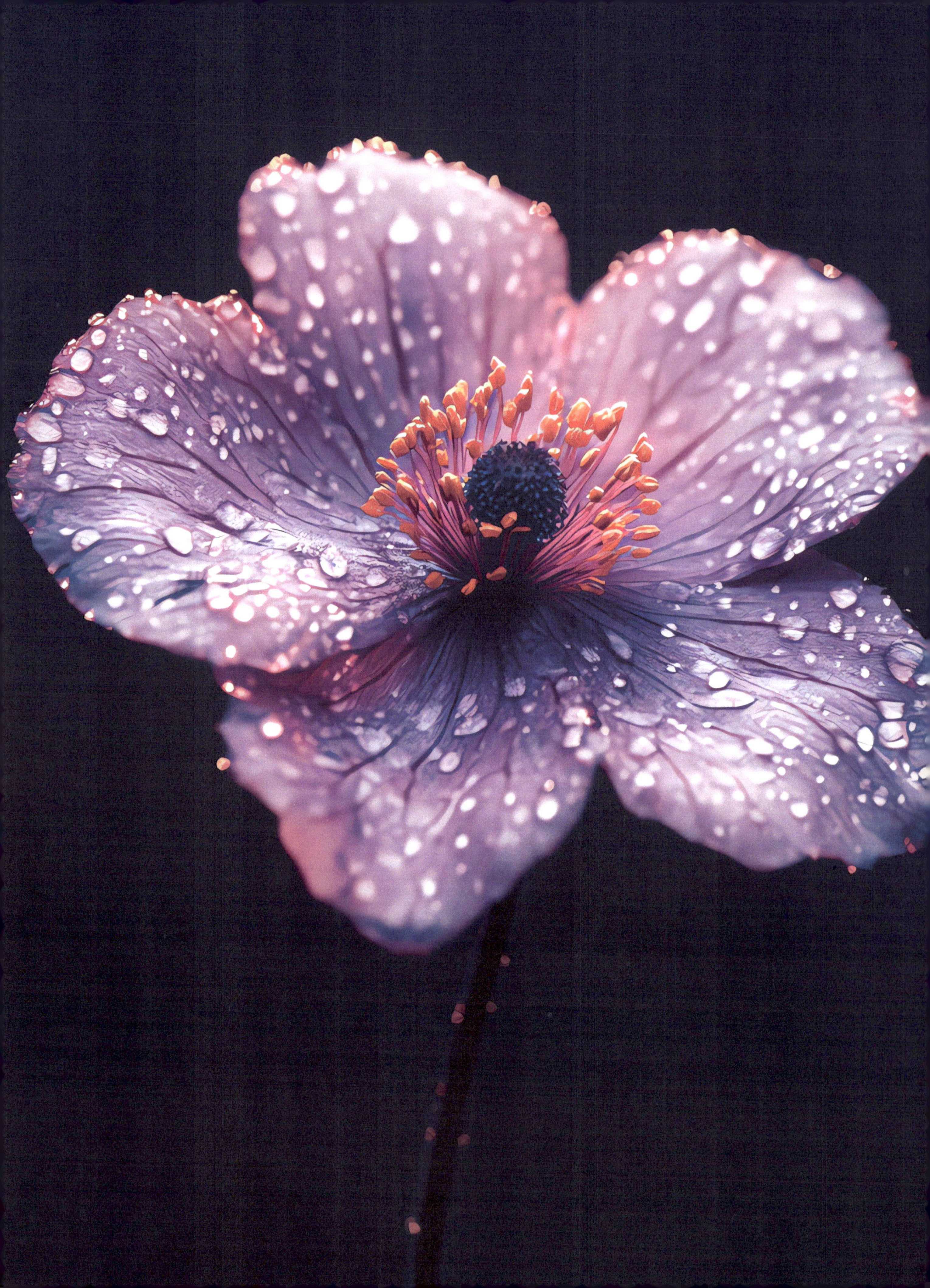

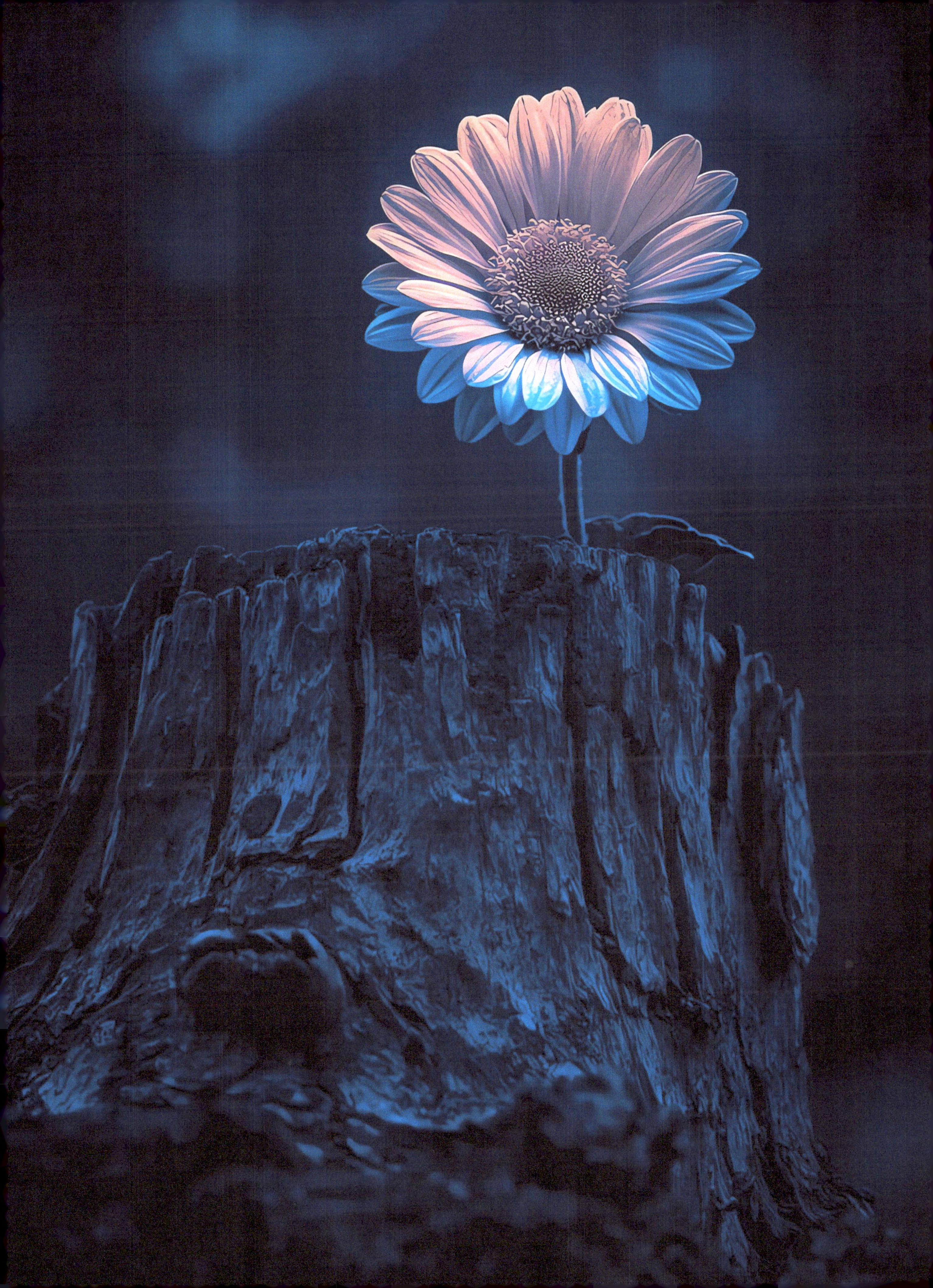

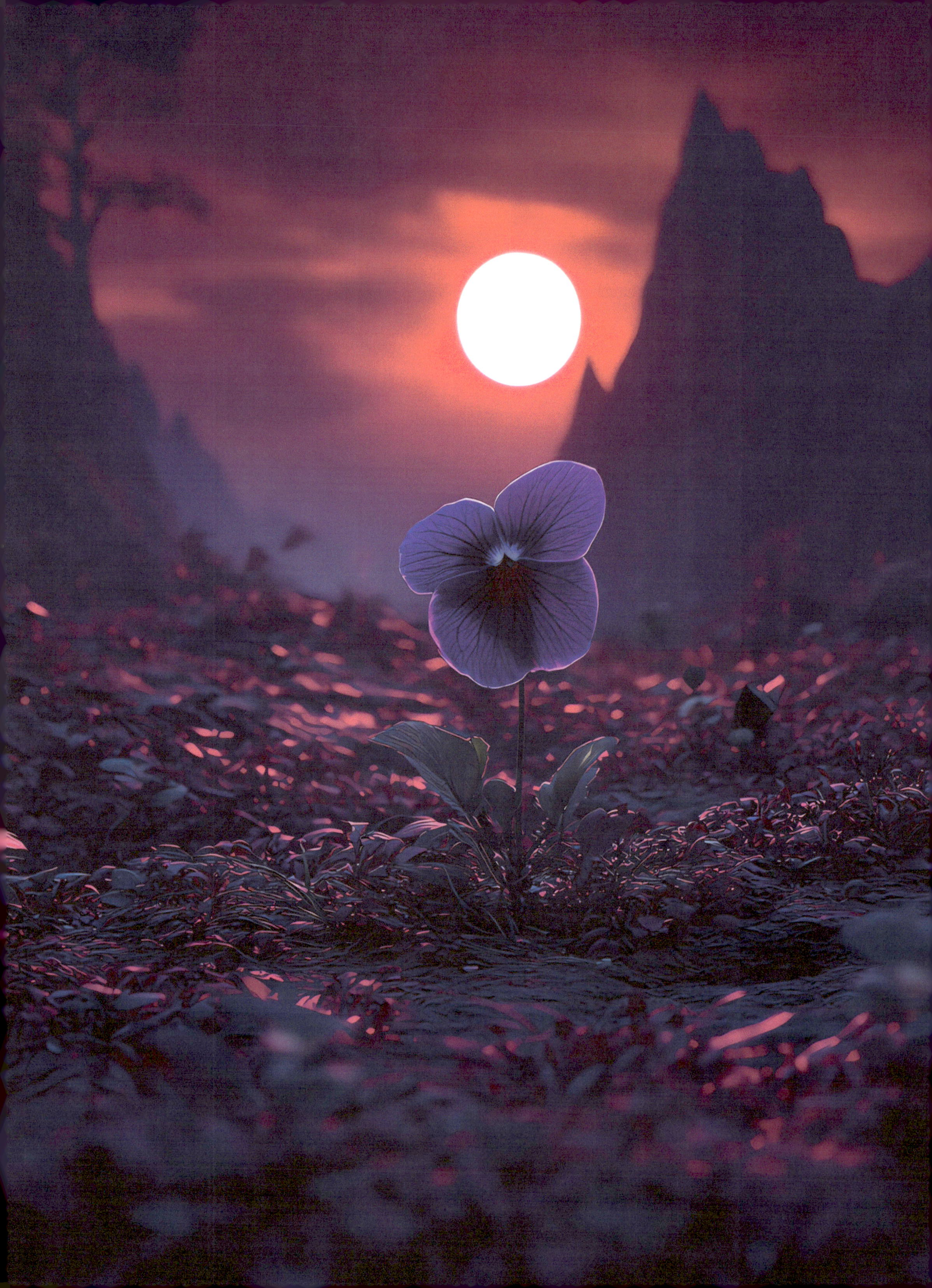

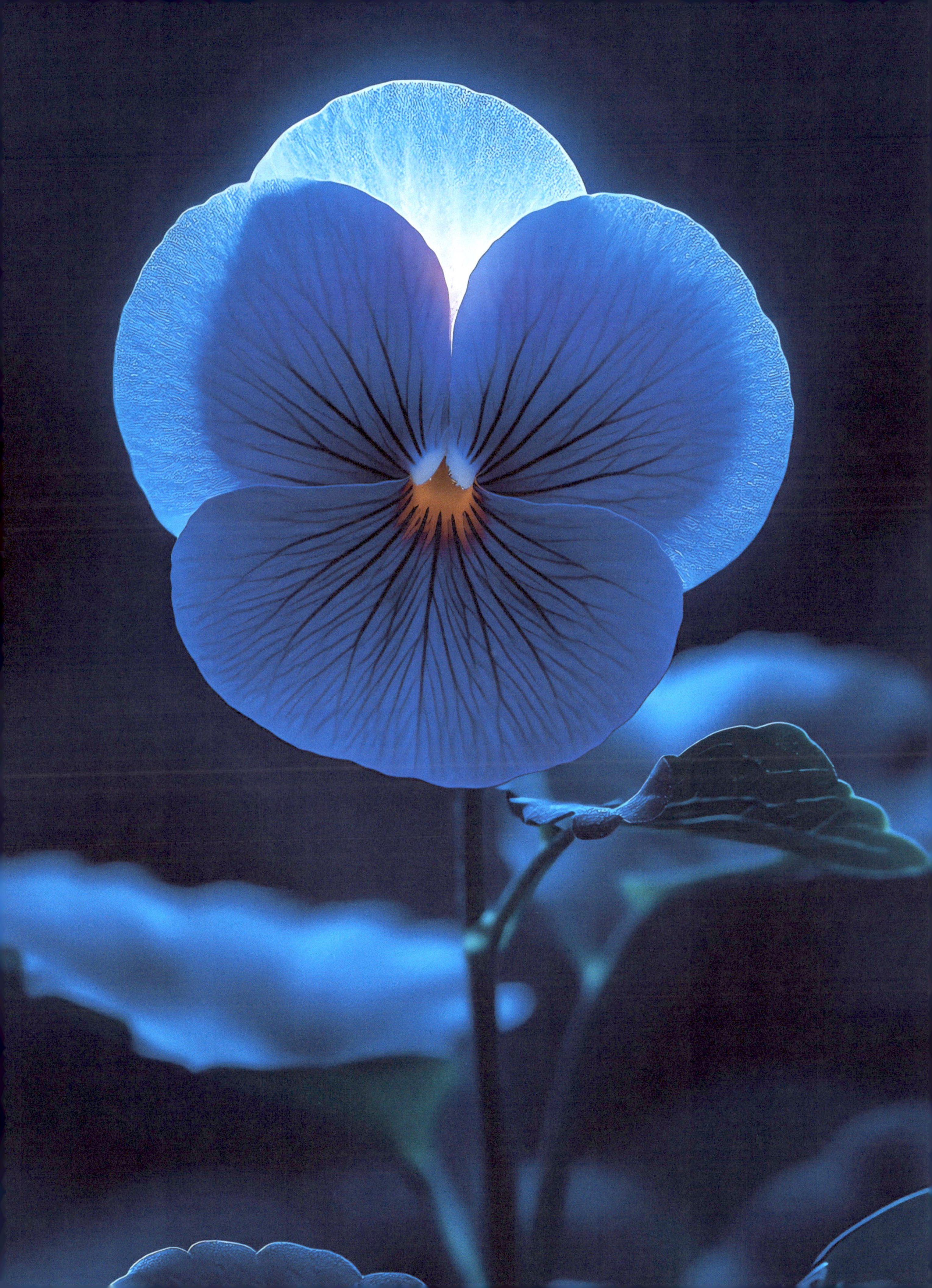

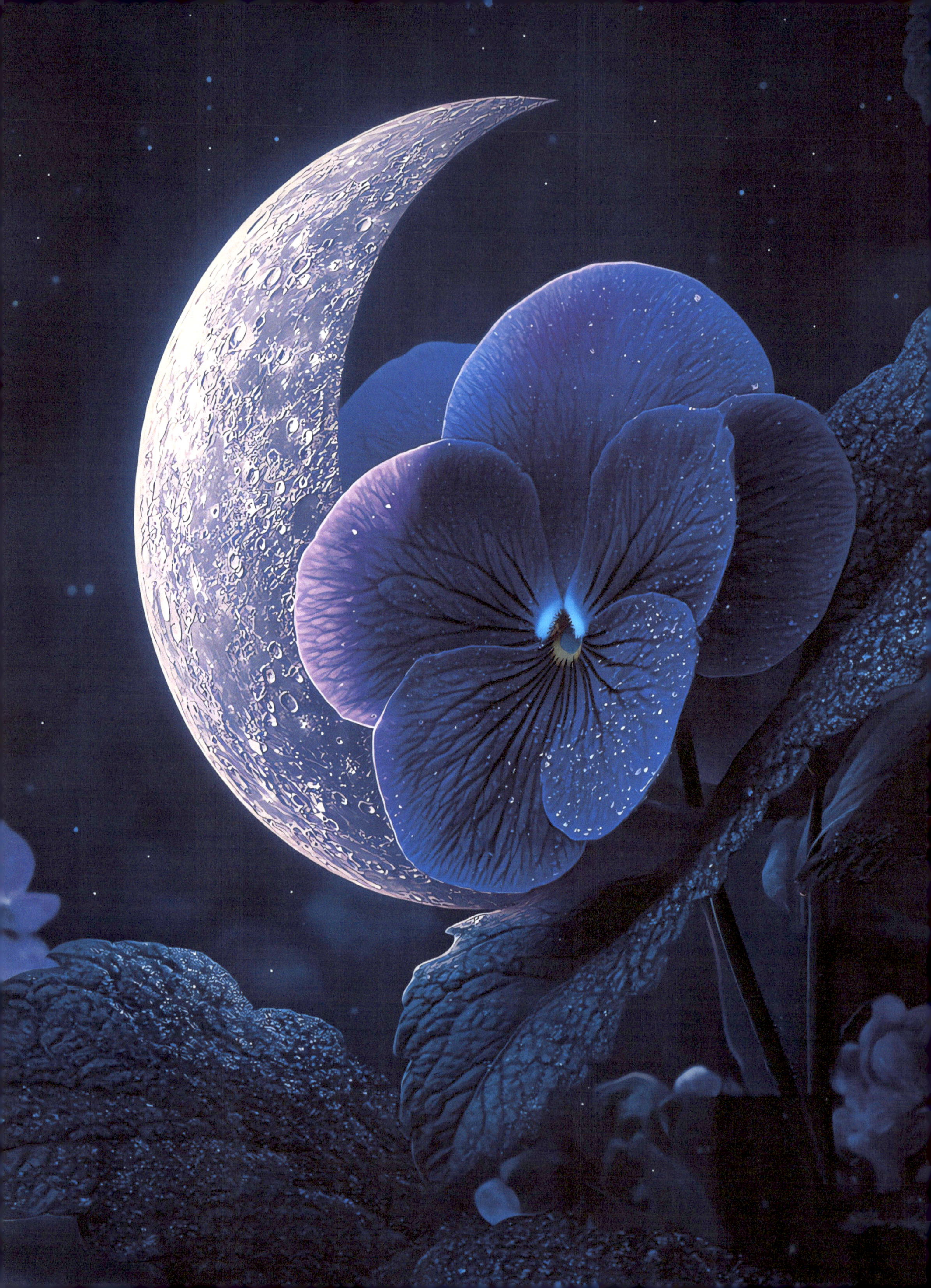

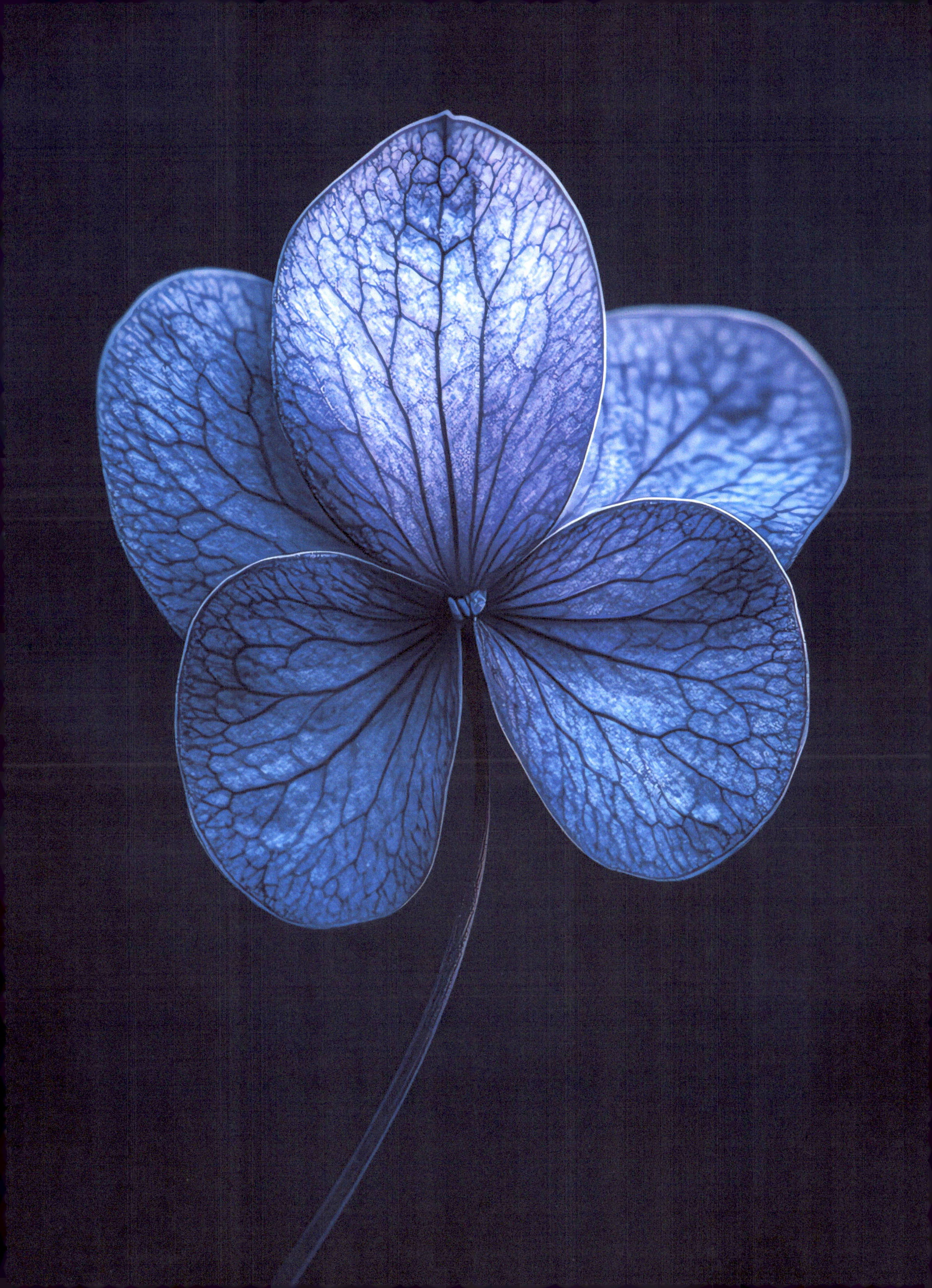

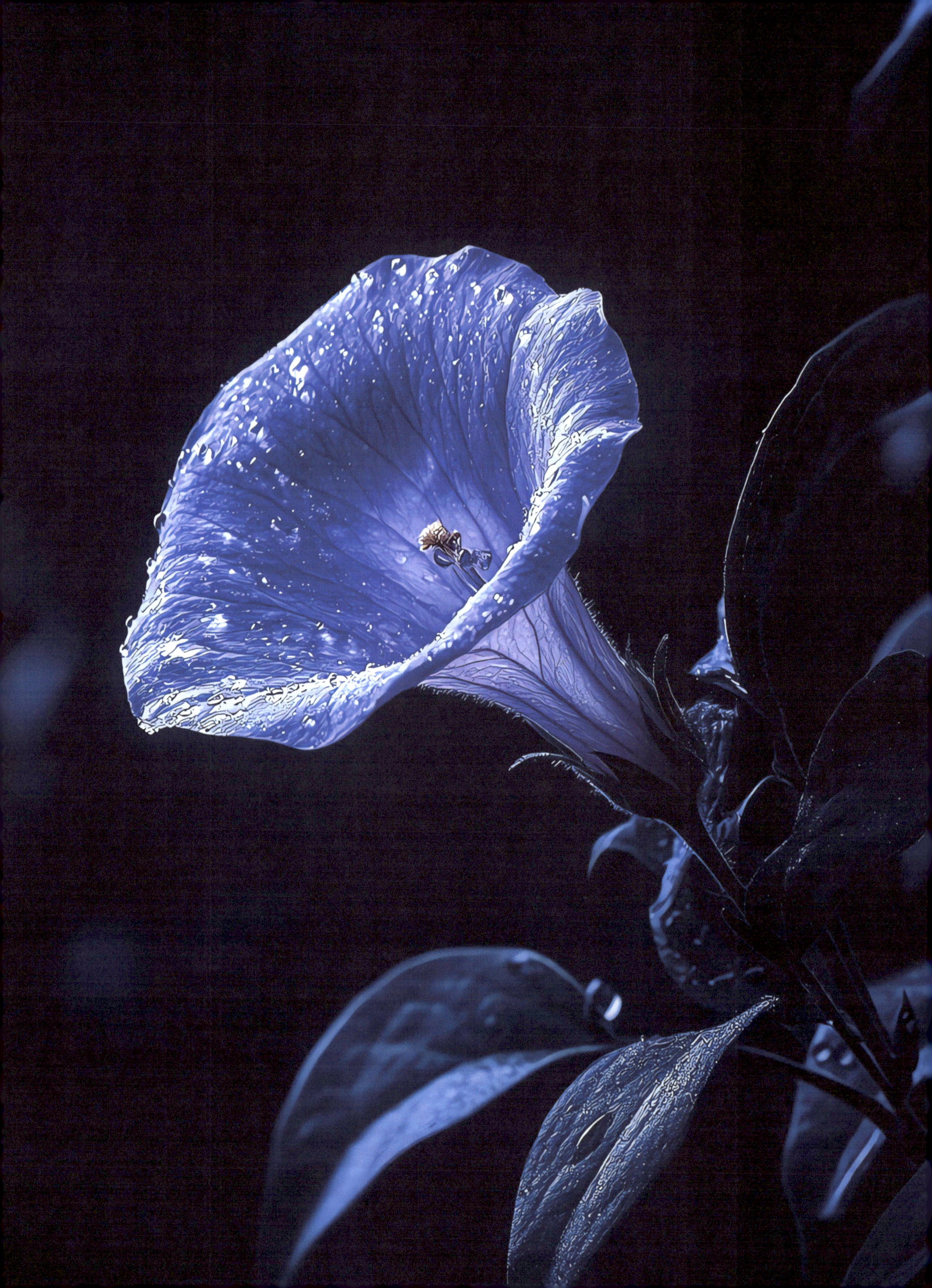

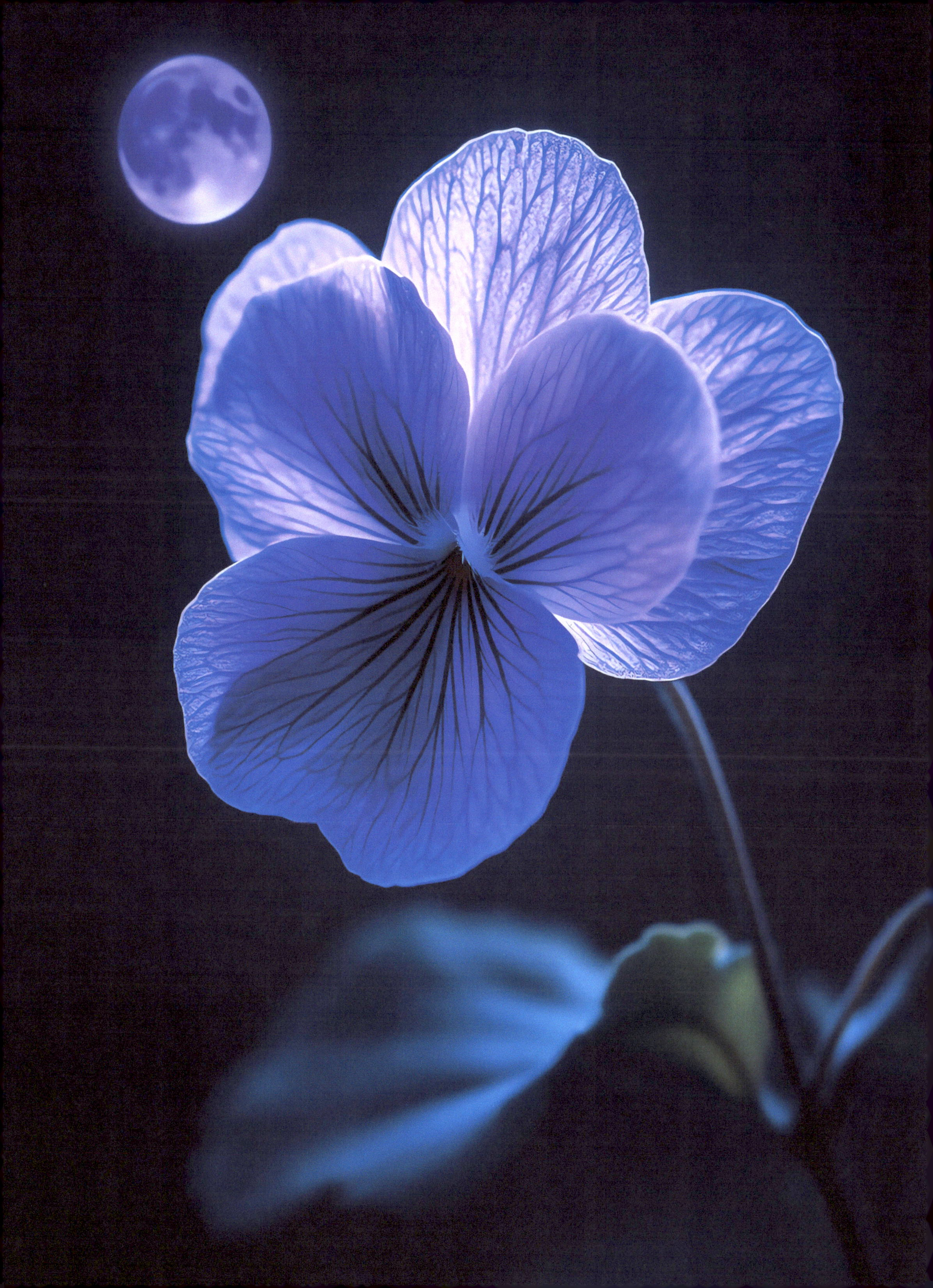

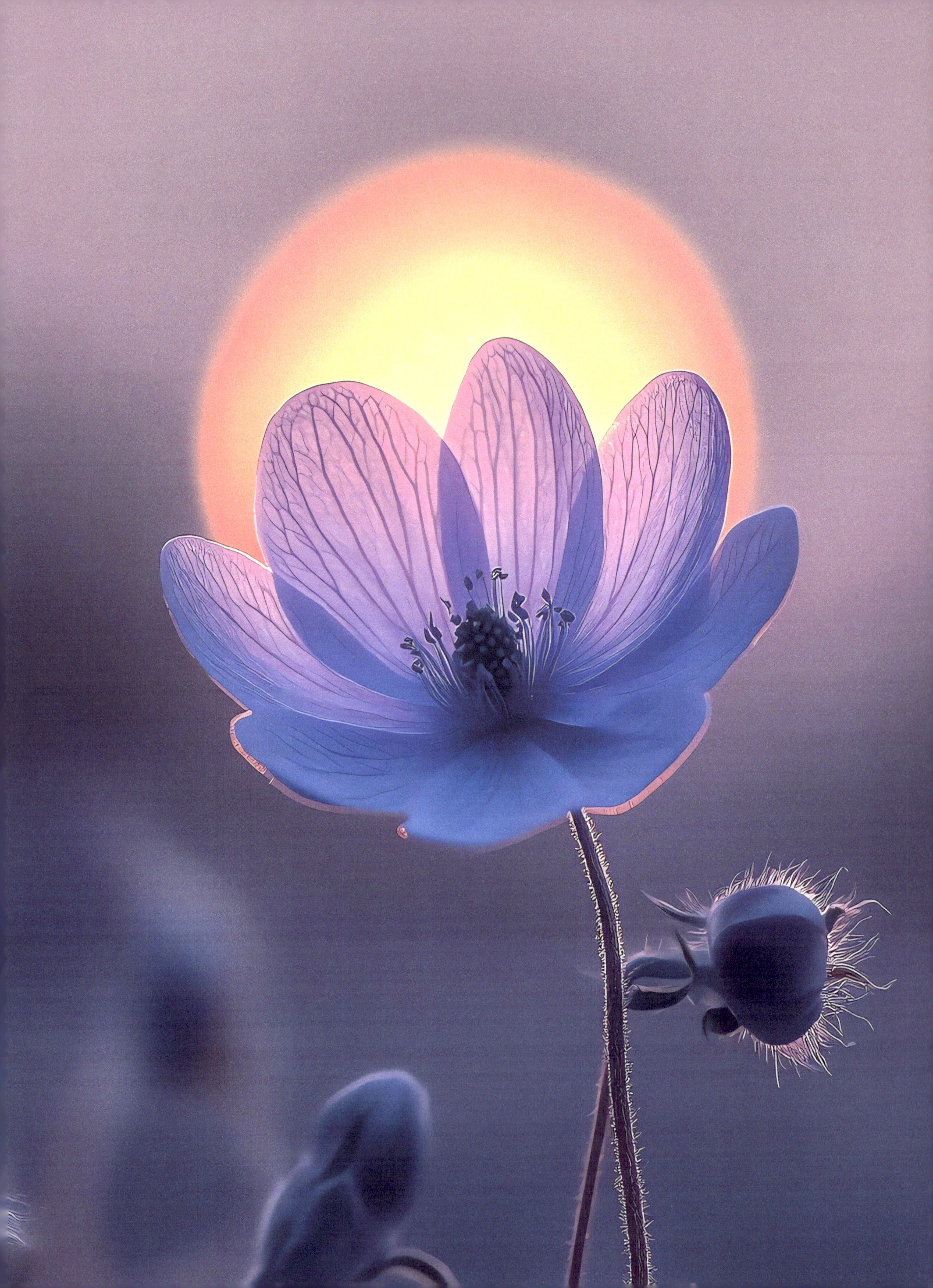

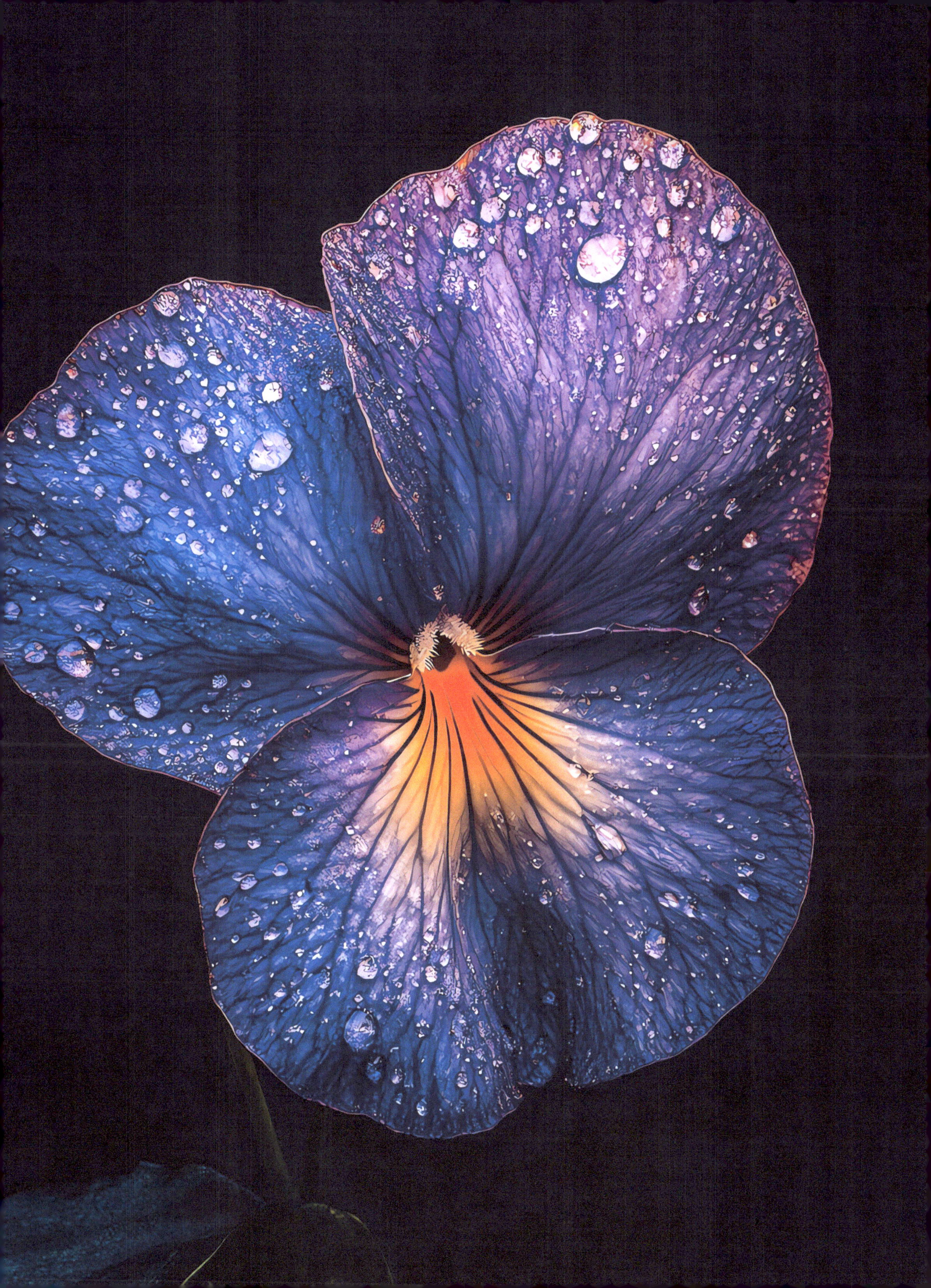

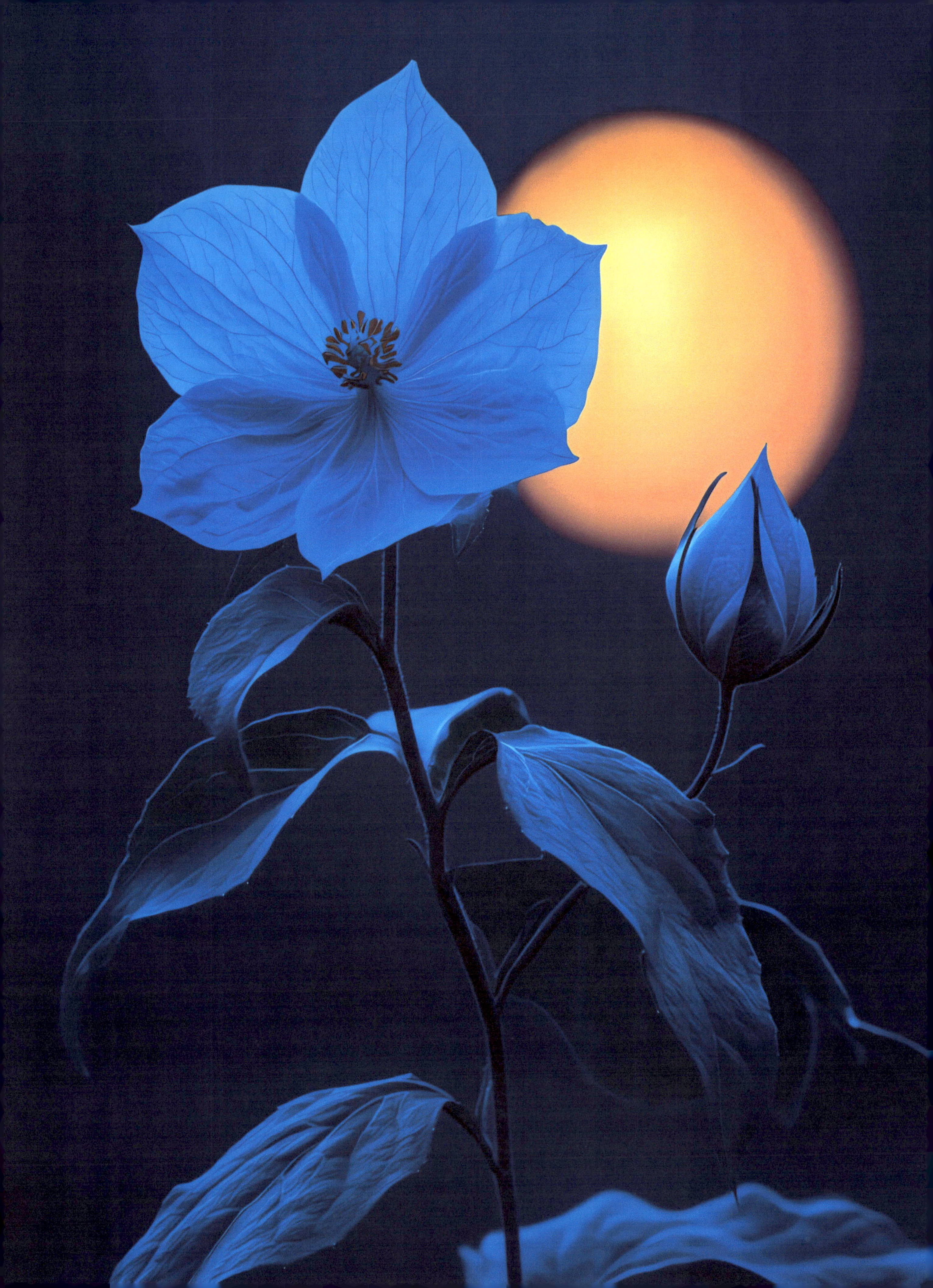

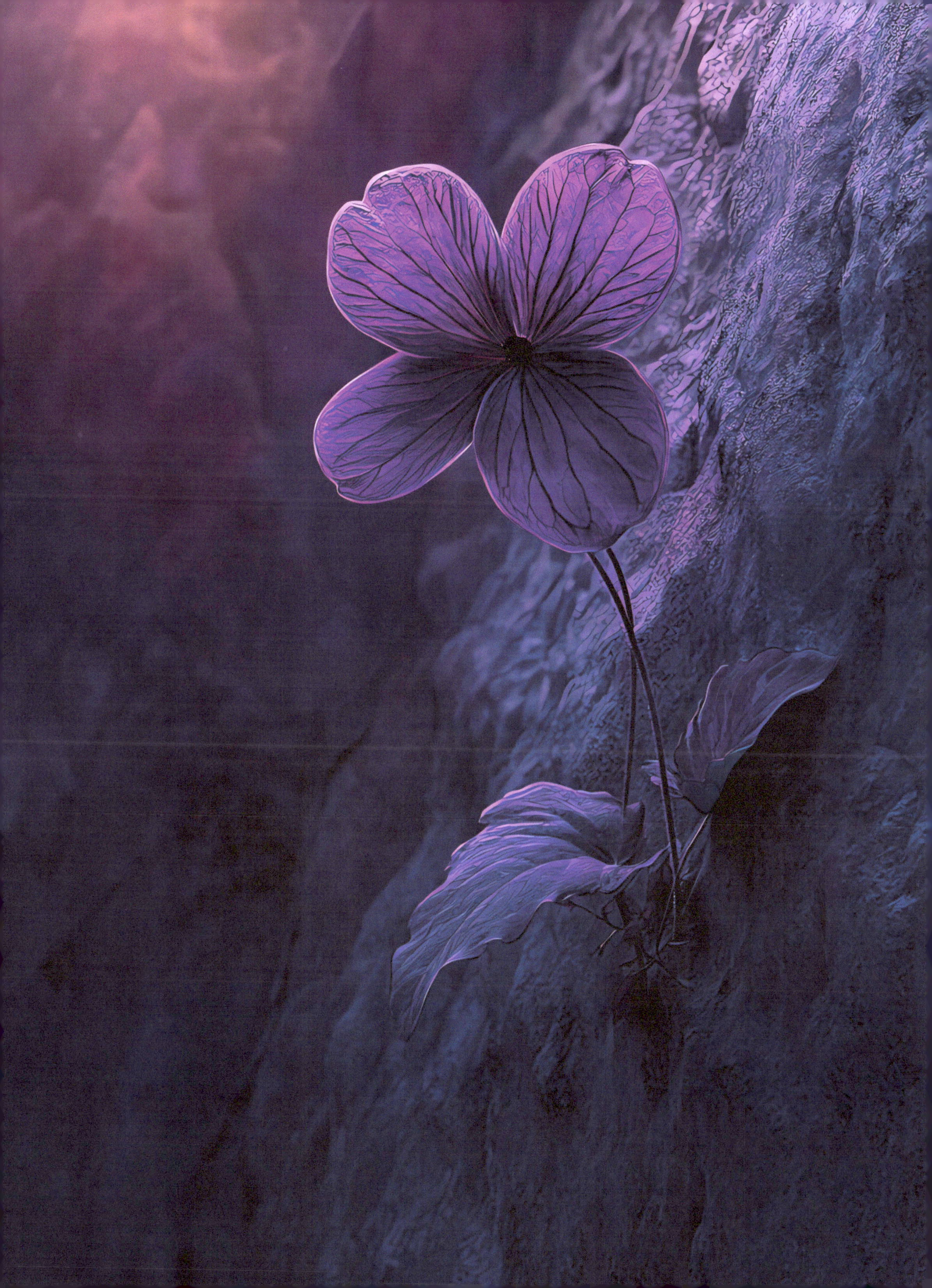

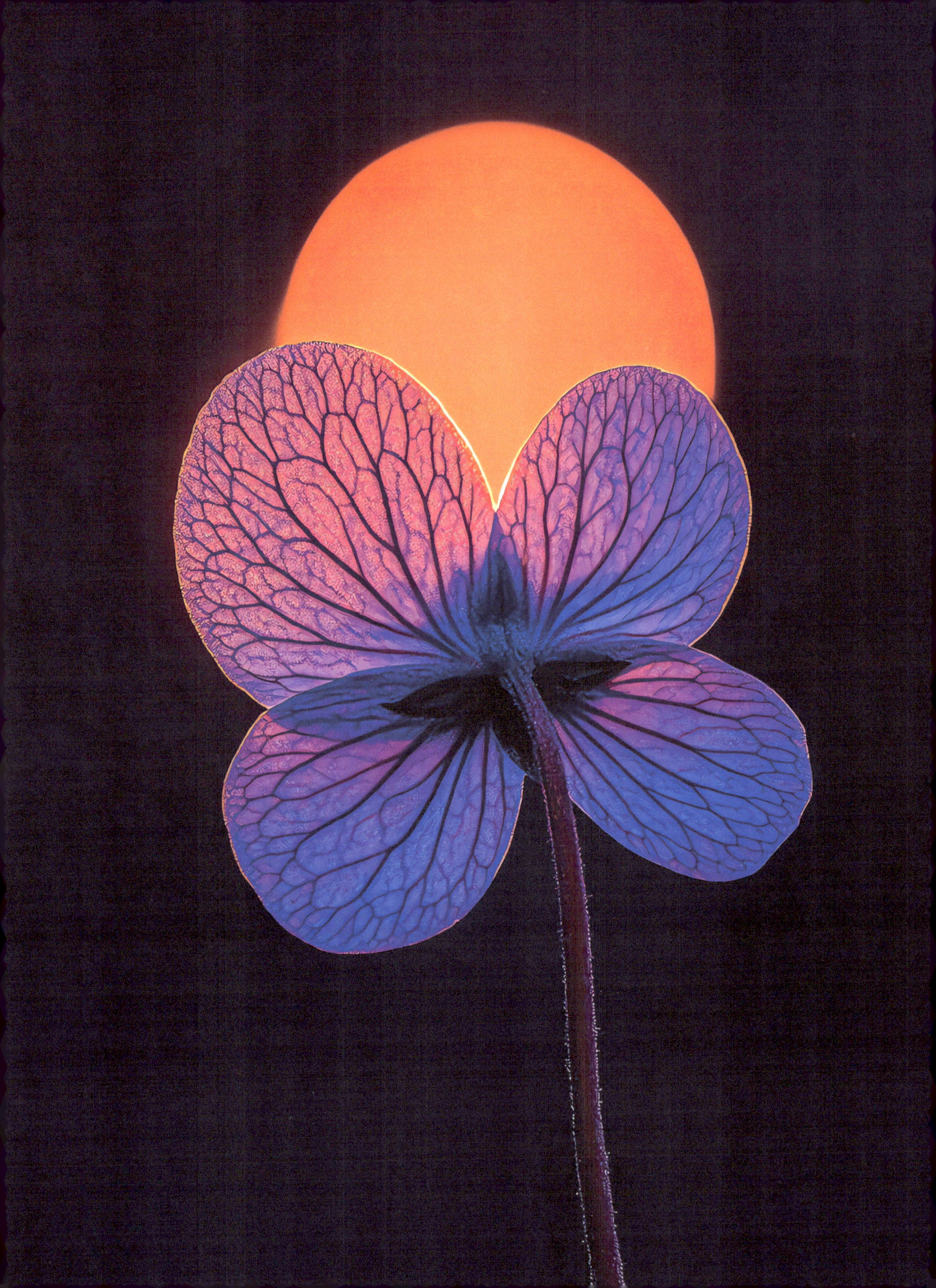

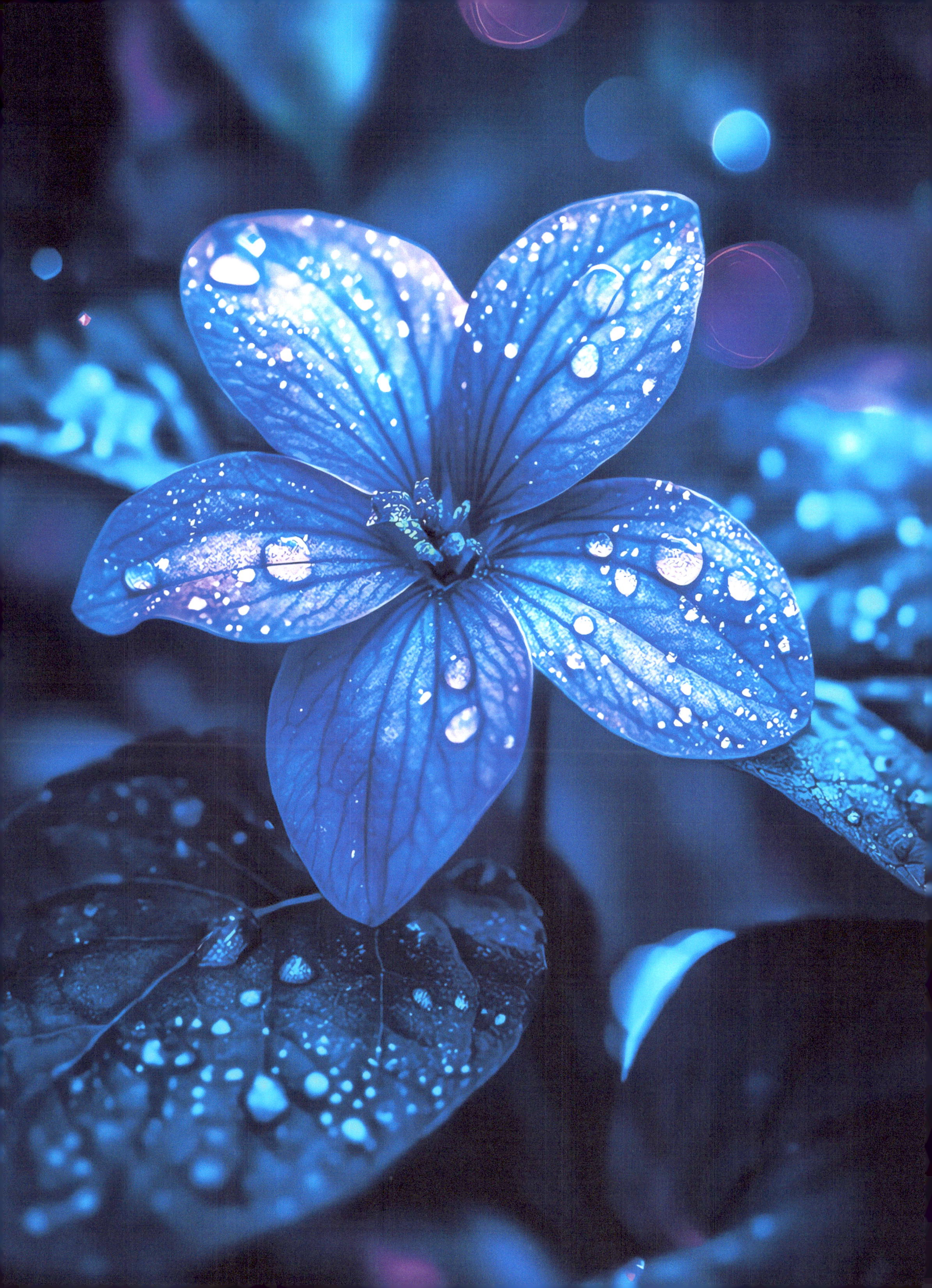

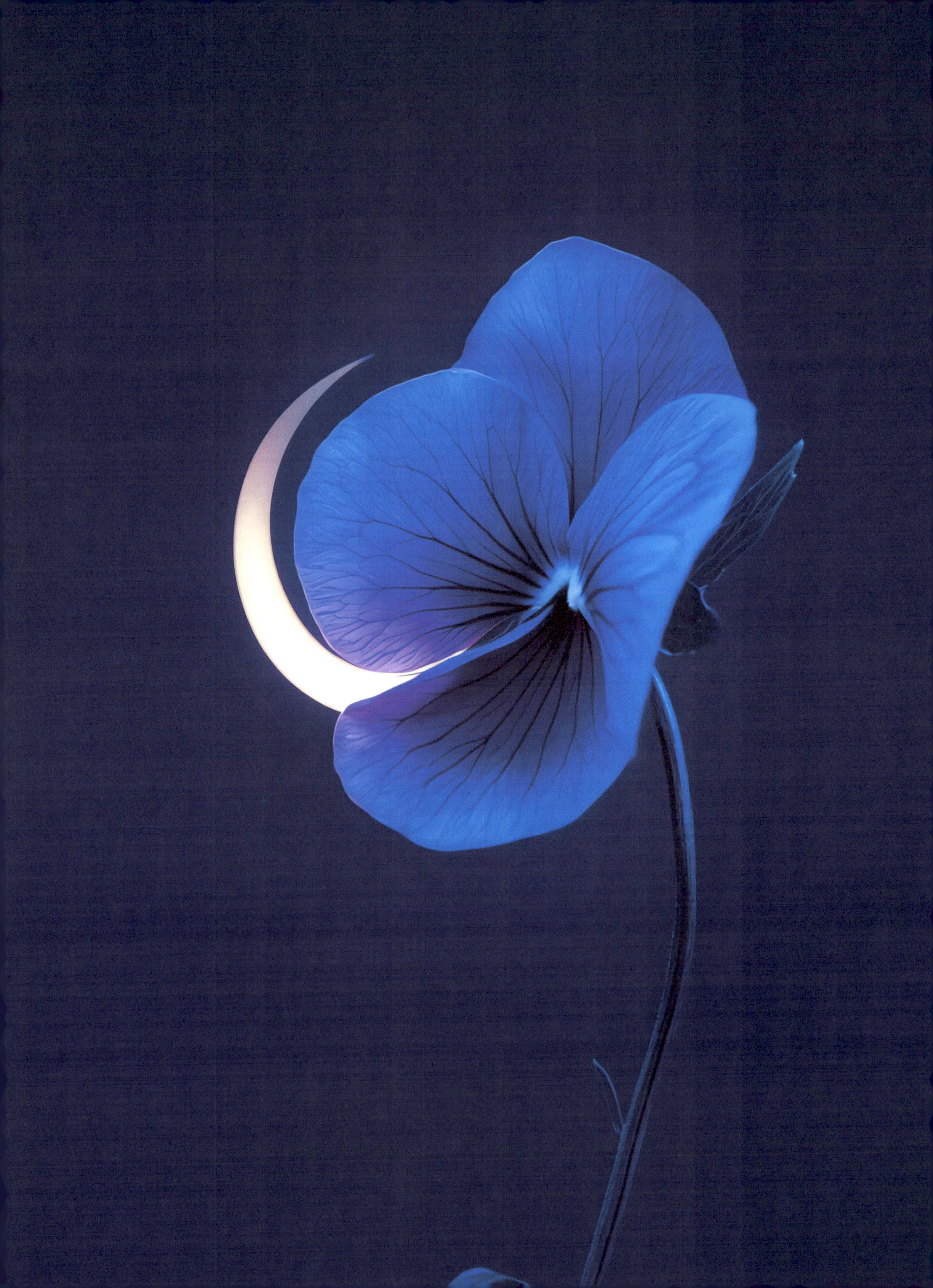

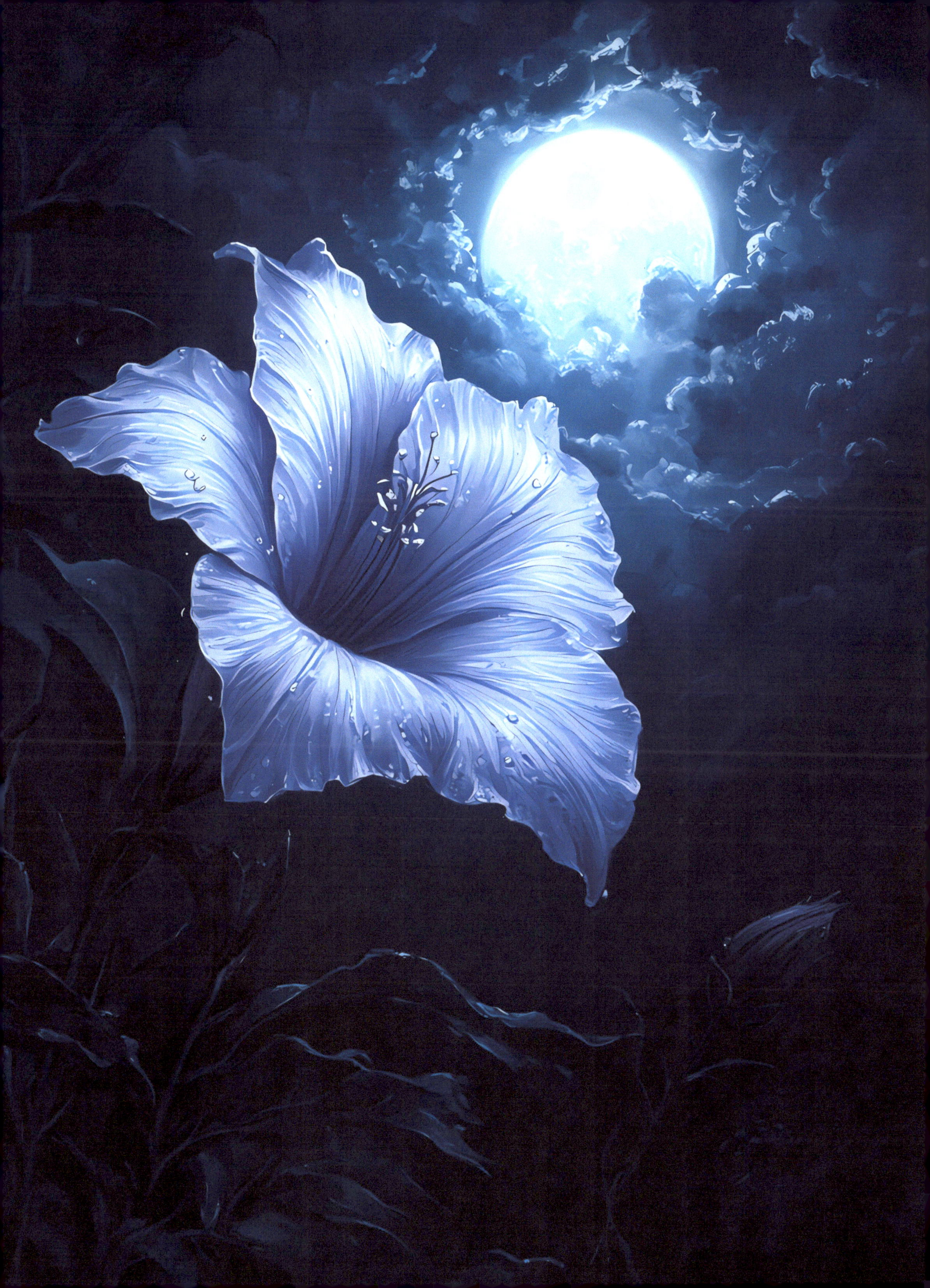

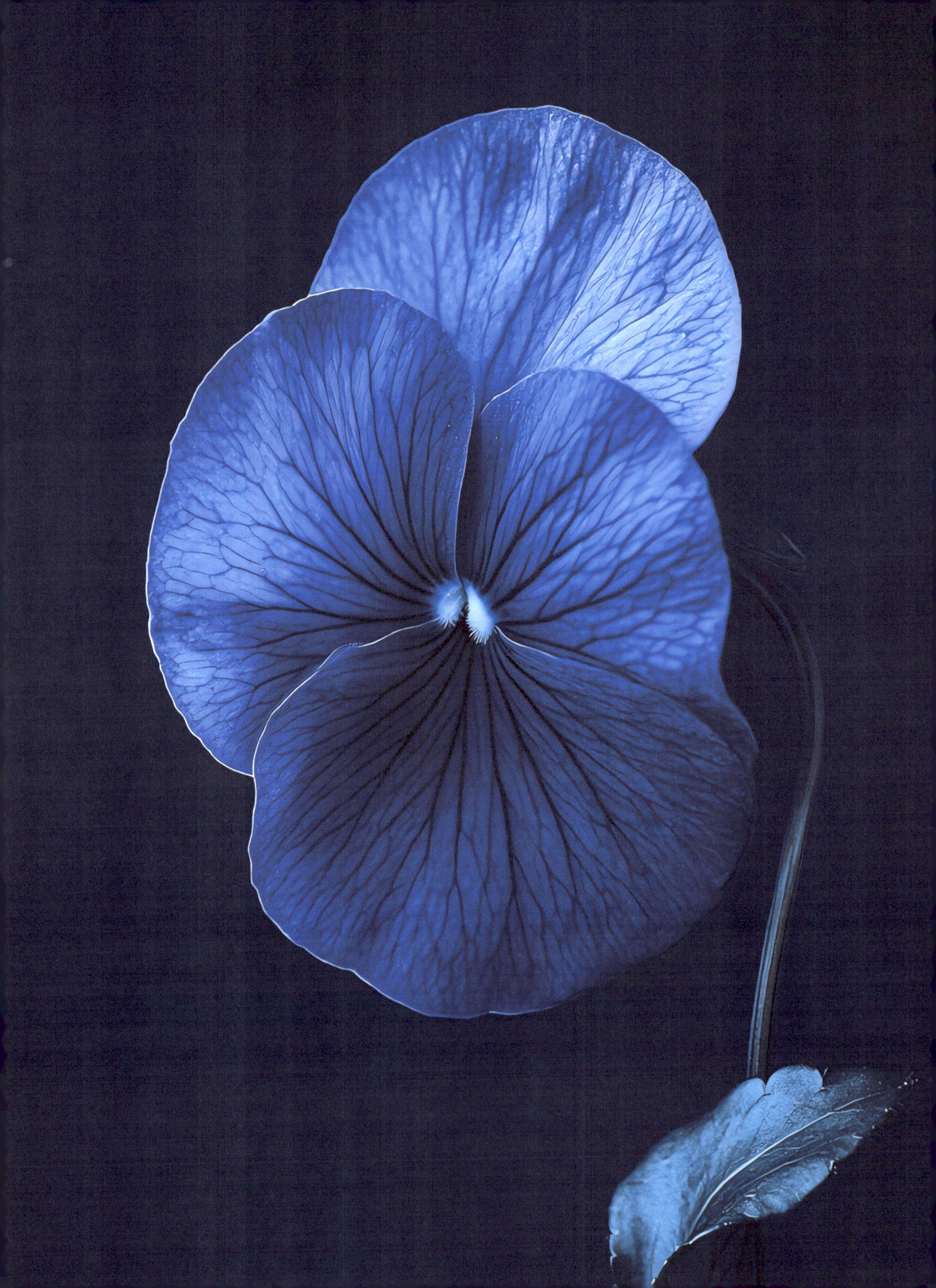

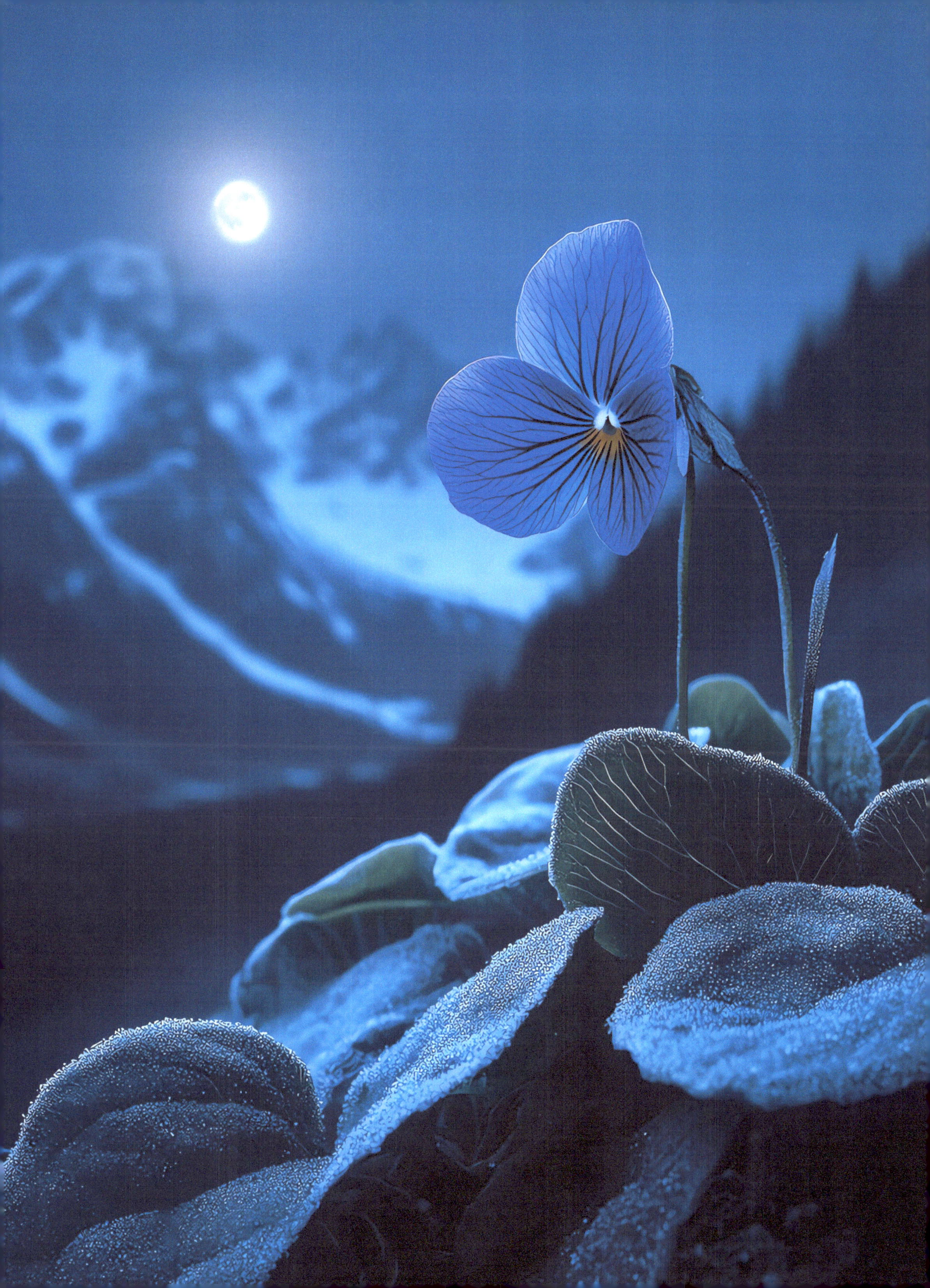

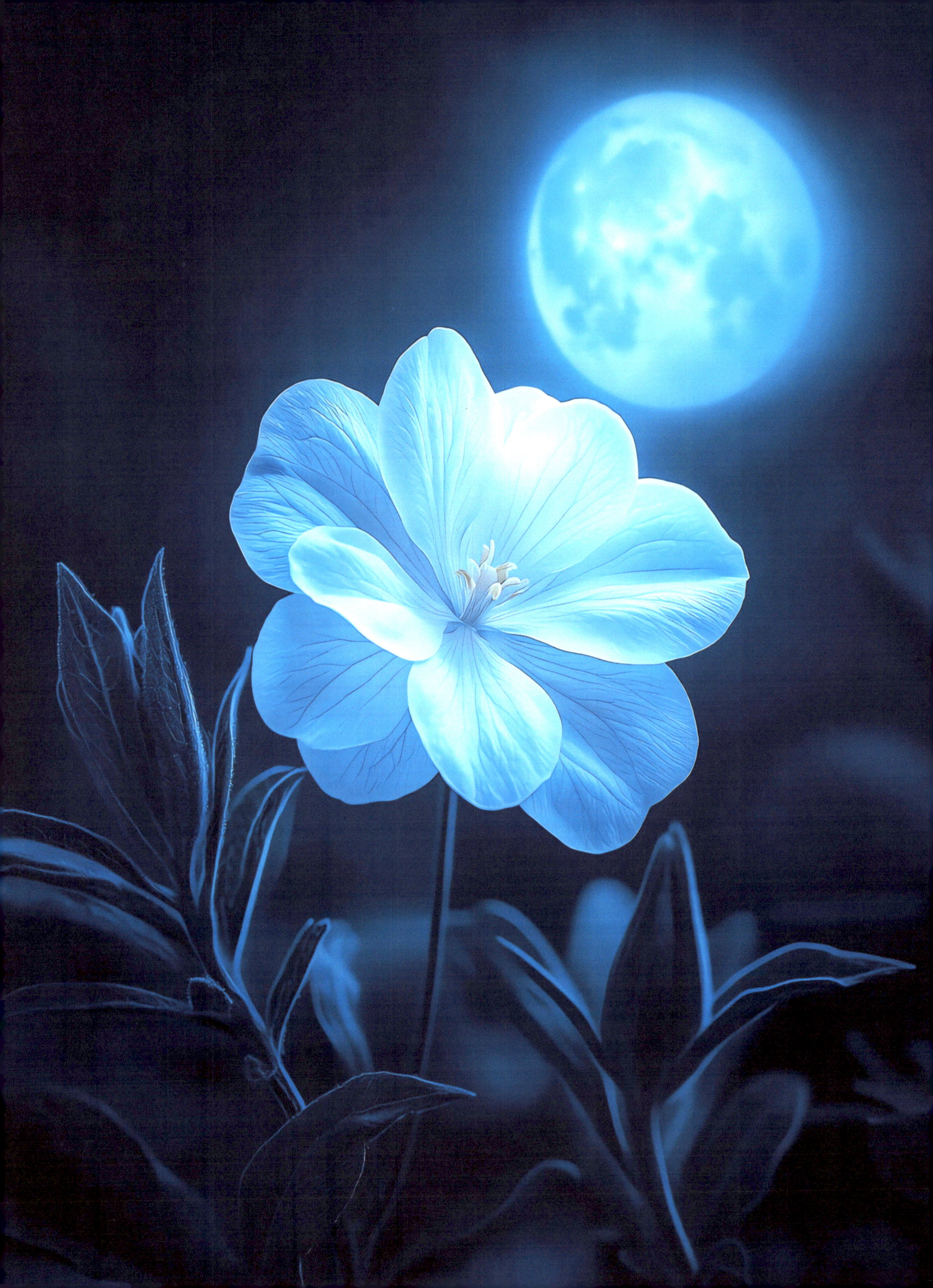

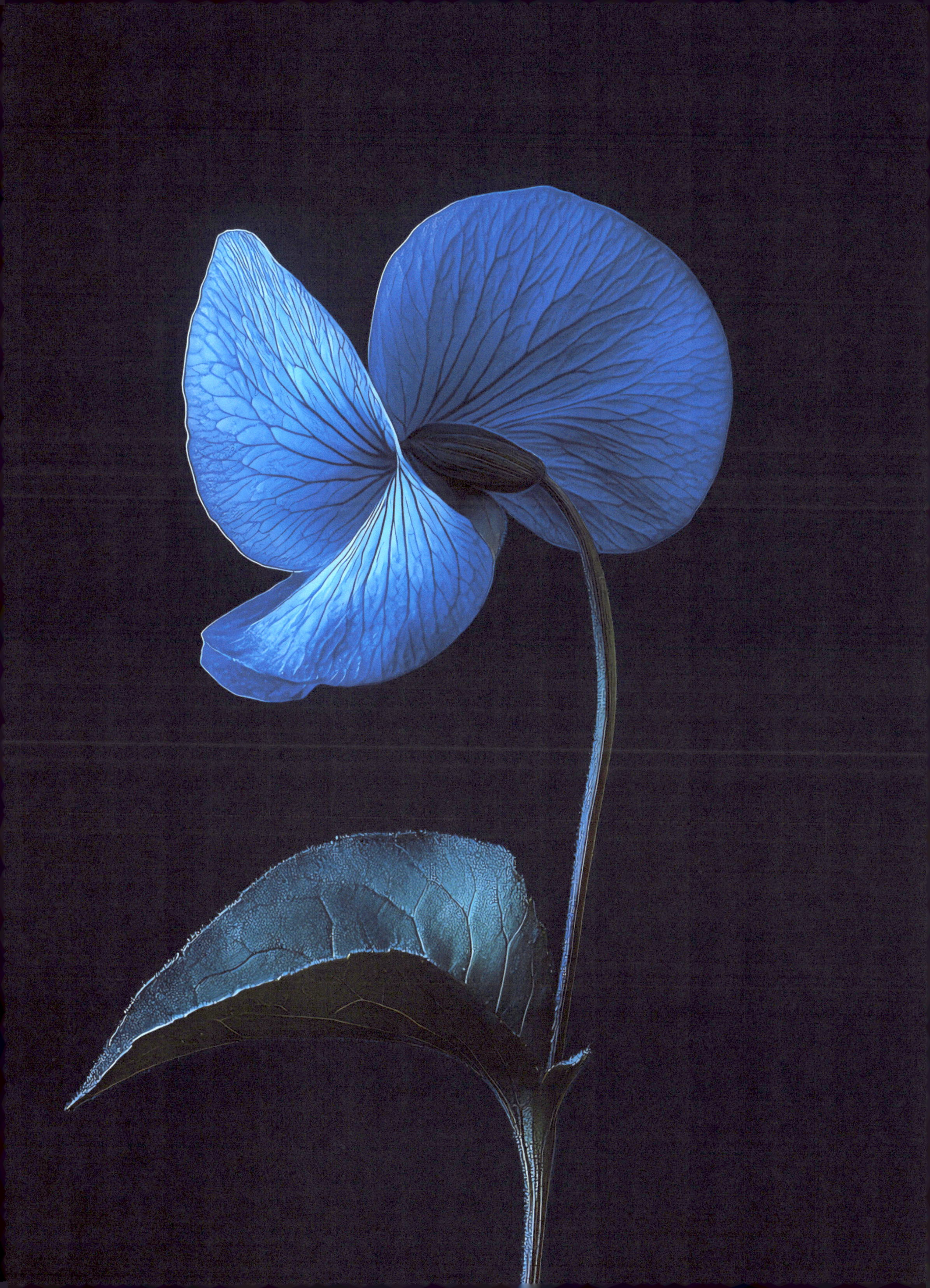

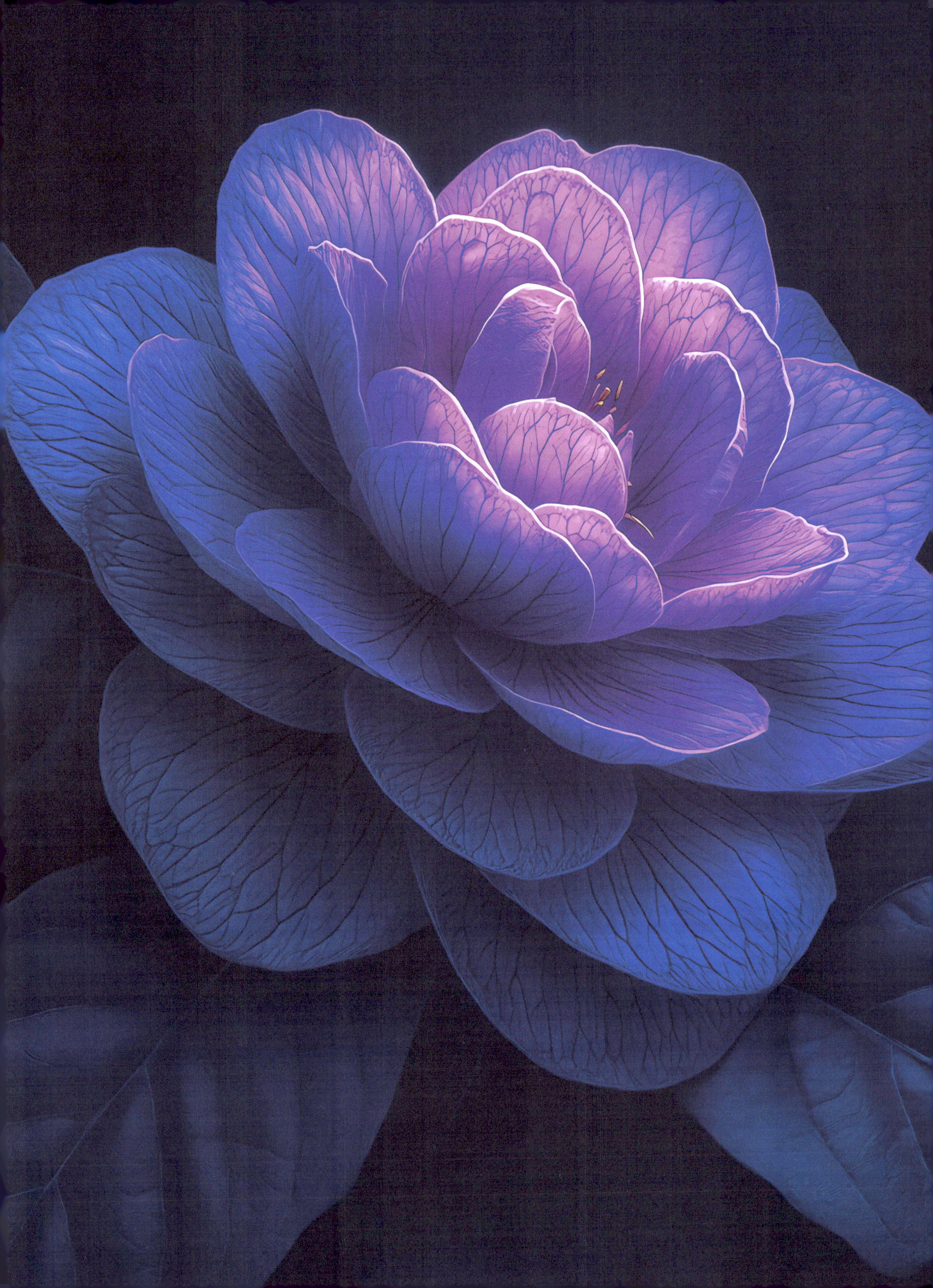

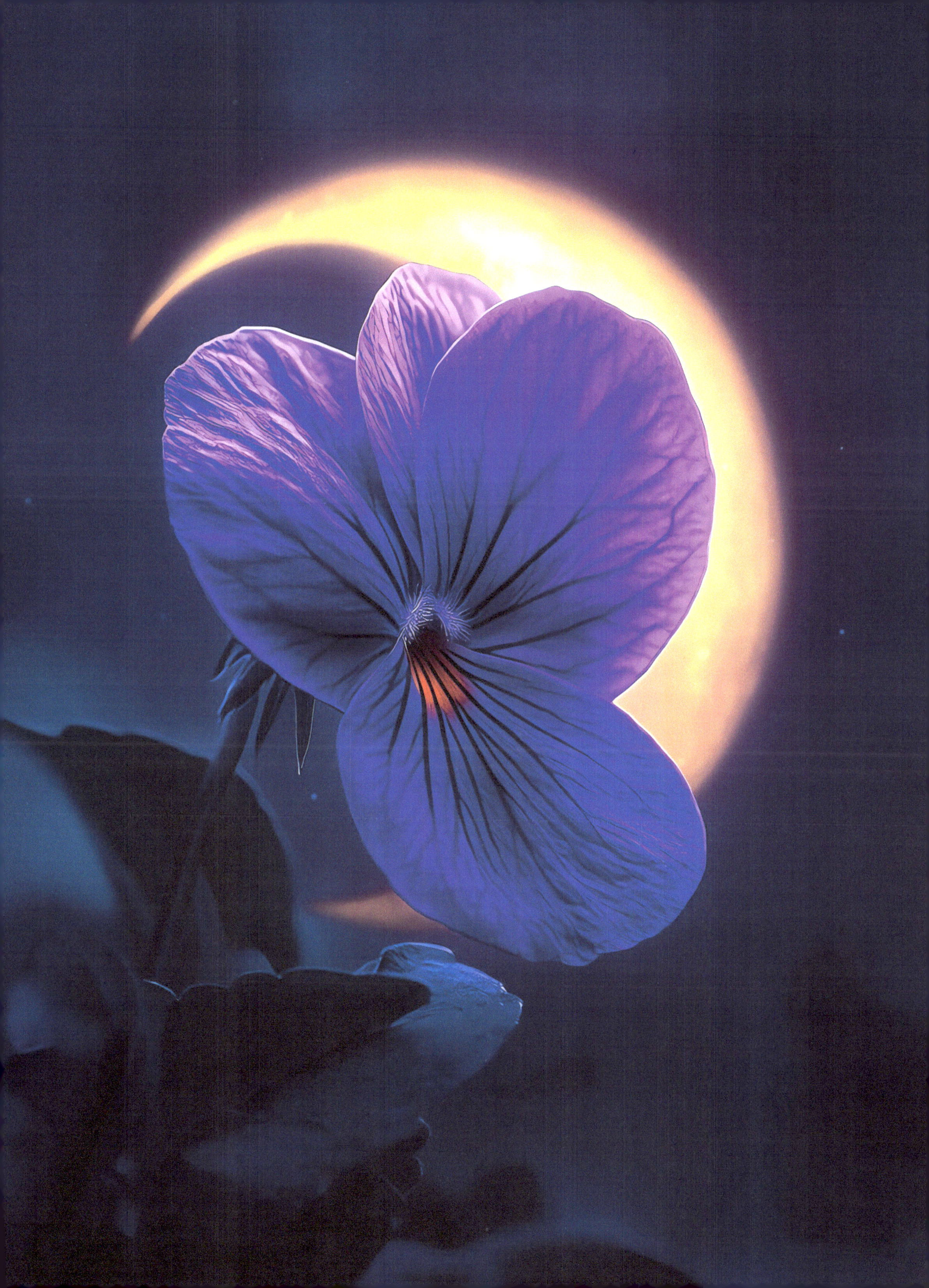

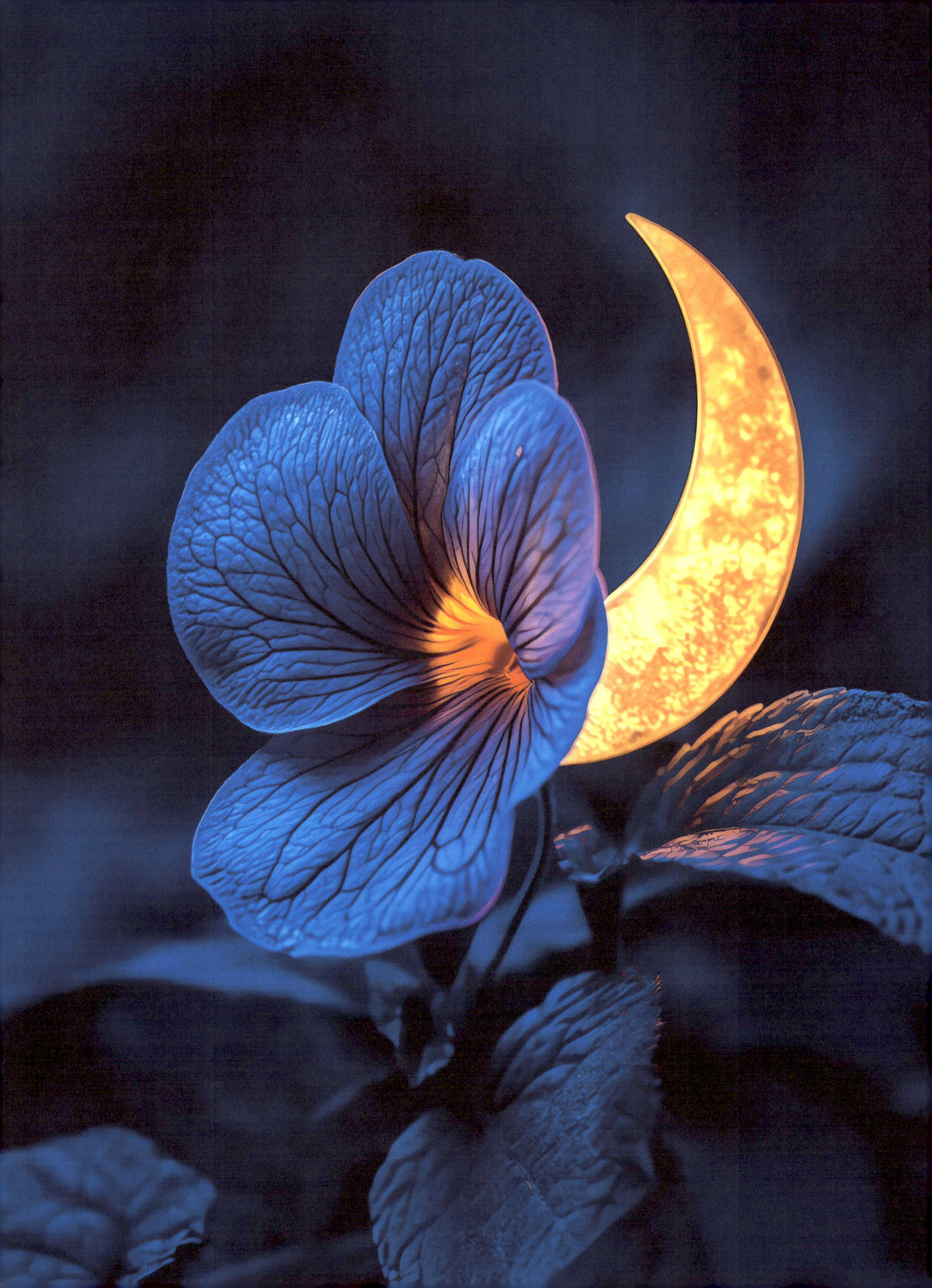

www.ingramcontent.com/pod-product-compliance
Lightning Source LLC
Chambersburg PA
CBHW040450220526
45473CB00004B/1578
* 9 7 9 8 3 0 2 0 4 2 4 1 5 *